高等职业教育新形态一体化规划教材
(汽车机电技术系列)

汽车控制系统构造与检修

主　编　高　燕　张　彬
副主编　刘红强　缑庆伟
参　编　代金山　悦中原　王江英　杨文华
　　　　甘　伟　姚成勇　朱道源　刘俊辉
　　　　吴海洋　侯红宾　魏领军
主　审　刘　威

机械工业出版社

本书内容包括EVA控制系统的认知与应用、电子控制系统的认知与应用、液压控制系统的认知与应用、气压控制系统的认知与应用、组合控制系统的认知与应用，围绕着EVA原理，分别对电控、液控和气控3种控制系统的组成、工作原理以及在汽车上的应用进行了介绍。本书图文并茂、通俗易懂，并把相关视频做成二维码插入书中，可以帮助读者自主学习，有效地提高学习效果。

本书可作为高等职业院校汽车类专业学生的教材，也可以作为汽车维修人员和工程技术人员的参考书。

本书配有电子课件，**凡使用本书作为教材的教师**可登录机械工业出版社教育服务网 www.cmpedu.com 注册后免费下载。咨询电话：010-88379375。

图书在版编目（CIP）数据

汽车控制系统构造与检修/高燕，张彬主编.—北京：机械工业出版社，2019.6

高等职业教育新形态一体化规划教材.汽车机电技术系列

ISBN 978-7-111-62303-8

Ⅰ.①汽… Ⅱ.①高… ②张… Ⅲ.①汽车-控制系统-构造-高等职业教育-教材②汽车-控制系统-车辆修理-高等职业教育-教材 Ⅳ.①U463

中国版本图书馆CIP数据核字（2019）第052115号

机械工业出版社（北京市百万庄大街22号　邮政编码100037）
策划编辑：蓝伙金　王淑花　　责任编辑：张双国　蓝伙金
责任校对：杜雨霏　　　　　　　封面设计：鞠　杨
责任印制：张　博
北京铭成印刷有限公司印刷
2019年5月第1版第1次印刷
184mm×260mm·9.75印张·238千字
0001—2000册
标准书号：ISBN 978-7-111-62303-8
定价：40.00元

凡购本书，如有缺页、倒页、脱页，由本社发行部调换

电话服务	网络服务
服务咨询热线：010-88379833	机 工 官 网：www.cmpbook.com
读者购书热线：010-68326294	机 工 官 博：weibo.com/cmp1952
	教育服务网：www.cmpedu.com
封面无防伪标均为盗版	金 书 网：www.golden-book.com

出版说明

教育部《关于全面提高高等职业教育教学质量的若干意见》指出,高职教育改革教学方法和手段应融"教、学、做"于一体,强化学生能力培养的教学模式,代表了高职教学改革的发展方向。

教材是教学过程的主要载体,加强教材建设是深化教学改革的有效途径,推进人才培养模式改革的重要条件,也是保障教学基本质量、培养高端技能型人才和技术应用型人才的重要基础。

本套教材是作者团队结合多年的教学经验、德国双元制教育模式和理念创作完成的,借鉴了德国汽车职业教育的理念和培养模式,理论与实践相结合,具有很强的实践性、实用性,实现了德国双元制教育的本土化。

1. 培养目标说明

从职业分析入手,对职业岗位进行能力分解(包括倾听客户抱怨,技术咨询,接修检测,专业工具和仪器设备操作,故障诊断,维修保养),确定高职汽车检测与维修技术专业的培养目标是面向汽车"后市场",培养具有与本专业相适应的水平和良好的职业素养,掌握一定的专业理论知识,具备本专业的理论知识、实践技能以及较强的实际工作能力和经营管理能力,德、智、体、美等方面全面发展的高等技术应用型人才。

(1) 一般能力 包括智商和情商,智商包括记忆力、思维能力、逻辑推理能力、空间想象能力、表达能力等;情商包括情绪控制能力、自我控制能力和人际交往能力。

(2) 专业技能 专业技能主要通过专业课学习、培训开发转化而成,专业课应以岗位工作任务为依据,以项目为导向、任务驱动为原则构建教学内容,采取"教、学、做"一体化来开展教学活动,并重视通过校企合作、工学交替、顶岗实习等人才培养模式改革来培养和提高专业技能。

① 一般专业能力是应用能力、汽车阅读能力、汽车驾驶能力。

② 核心专业能力是汽车拆装能力、汽车检查能力、汽车修理能力、汽车故障诊断能力、汽车性能检测能力、汽车维修企业管理能力。

(3) 综合能力 综合能力是一般能力和专业技能的综合运用能力,是解决复杂问题的能力，既涉及特定的专业综合能力，又涉及跨专业的职业核心能力。

1）专业综合能力。

① 专业地使用有关维修工具、诊断系统、测量仪、信息系统。

② 能按照电路图和工作说明进行操作作业，会选取材料和备件并完成订购过程；熟练地拆卸和安装部件和总成，并对不同部件进行维修。维修时，采取质量保证措施，保持工位的有序（5A）和整洁（5S）。

③ 能独立制订工作计划并予以实施，使工作过程可视化。遵守有关工作、安全规定和环保法规。能够查找资料与文献以取得有用的知识。

④ 能处理优惠和索赔委托任务。

2）专业的职业核心能力。跨专业的职业核心能力包括信息处理能力、沟通能力、组织协调能力和创新能力。

① 信息处理能力，即对信息的识别、整合和加工的能力。

② 沟通能力，即在交往过程中所表现出来的联络与协调能力。

③ 组织协调能力，即从工作任务出发，对资源进行分配、调控、激励、协调以实现工作目标的能力。

④ 创新能力，即创新事物、新方法的能力。近年来我国大力提倡要培养具有创新精神、创新意识和创新能力的人才，有必要在有关课程和教学活动中引导、培养创新创业、技改意识和能力，培养勤用脑、多动手、大胆想、敢突破的创新精神和能力。

2. 资源说明

这套教材是围绕职业教育"教、学、做"3个服务维度开发的，每本教材由主教材和学习工作页组成。主教材部分主要由构造、原理和检修内容组成，课后习题包括填空题、判断题、选择题和回答题以及工作任务步骤题，以此评价学习是否达标；学习工作页部分包括知识工作页和实训工作页两部分，知识工作页注重理论部分的复习和扩展，实训工作页注重流程和方法。

本套教材在内容选材、编写、呈现方式等多方面加强精品化建设，采用彩色印刷，同时配有电子课件、微视频/动画、习题答案等教学资源，为教、学、练提供便利。

纸质教材 包括主教材+学习工作页，采用彩色印刷，融"教、学、做"于一体。

电子课件 供教师上课、学生课前预习和课后复习使用，可以登录机械工业出版社教育服务网 www.cmpedu.com 注册后免费下载。咨询电话 010-88379375。

微视频/动画 课本中的部分重点难点以视频形式给予讲解，读者可以扫描书中二维码链接观看。

机械工业出版社

前言

我国的高等职业教育正处于改革时期,各高职院校正学习、借鉴英国、德国等国家的先进职业教育理念和教学模式。由于国外的职业教育与国内原来的职业教育在教育理念和教学模式上存在很大的差别,因此,本次高职教育改革无论从教育人才培养模式上,还是在教学计划、课程体系、教学方法等方面均会有较大幅度的改革调整。其中,教材建设也是改革的重要环节。

本书是编者们在多年从事"汽车电控技术""液压和气压传动技术"等课程教学,进行了大量社会调研、参与了学校课程改革研究的基础上,总结授课经验,结合汽车新技术,按理论与实践一体化的教学方法来组织编写的。本书符合高职教育教学的特点,符合人们的认知习惯,注重技能的培养,是一种全新的高职教材模式。

本书由高燕、张彬任主编,刘红强、缑庆伟任副主编,刘威任主审,参加编写的还有代金山、悦中原、王江英、杨文华、甘伟、姚成勇、朱道源、刘俊辉、吴海洋、侯红宾、魏领军。

在本书的编写过程中,北京吉利学院关云霞给予了许多宝贵意见,在此表示衷心感谢。

由于作者水平有限,书中难免有不当之处,恳请广大读者批评指正。

编　者

目录

出版说明
前　言
项目1　EVA 控制系统的认知与应用 1
　1.1　控制、调节、控制链和调节回路 1
　1.2　控制方式、信号形式及信号流程 4
　1.3　EVA 原理 8
项目2　电子控制系统的认知与应用 12
　2.1　发动机燃油喷射系统认知 12
　2.2　点火控制系统的认知 27
　2.3　怠速控制系统的认知 29
　2.4　燃油蒸发控制系统的认知 31
　2.5　CAN 总线的认知 32
项目3　液压控制系统的认知与应用 37
　3.1　汽车液压控制系统的基本知识 37
　3.2　液压动力元件的识别与选用 43
　3.3　液压控制元件的识别与选用 45
　3.4　液压执行元件的识别与选用 53
　3.5　液压辅助元件的识别与选用 58
　3.6　汽车防抱死制动系统认知 63
项目4　气压控制系统的认知与应用 67
　4.1　气压传动与控制系统基本知识介绍 67
　4.2　气压传动与控制系统在汽车上的应用 79
项目5　组合控制系统的认知与应用 83
　5.1　电气/电子控制系统 83
　5.2　气动组合控制系统 93
参考文献 96

项目1

EVA控制系统的认知与应用

1.1 控制、调节、控制链和调节回路

学习目标
- 掌握控制和调节的概念。
- 能够分析控制链和调节回路。

课程引入

某车主反映其车辆出现前照灯常亮的情况,按开关不起作用,试分析其原因。

随着电子技术的飞速发展,汽车上的电子设备越来越多,其控制系统不外乎有两种回路:控制回路和调节回路,即开环控制和闭环控制,这是学习汽车电控系统的基础。

1. 控制

从一般意义上说,控制指控制主体按照给定的条件和目标,对控制客体施加影响的过程和行为。汽车中的控制系统掌控整个汽车运行,其中有人为主观意识的控制和电控模块对某个系统或元件的控制。人为控制,如打开车灯、打开天窗、打开收音机等;电控模块控制,如自适应前照灯中远光和近光切换的控制、锁车时自动关闭天窗的控制、高速时收音机音量调高的控制等。

图1-1所示为简单的黄昏自动开关电路。日光通过一个光敏电阻和一个继电器来控制停车灯。无光线作用时光敏电阻阻值很大,所以较小的控制电流不足以使继电器吸合,停车灯亮。光线照到光敏电阻上时,其电阻值变小,控制电流增大,继电器吸合,并断开停车灯电路。

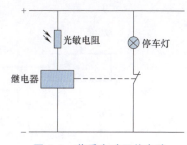

图1-1 黄昏自动开关电路

在图1-1所示电路中,由光敏电阻把外部阳光照射强度转化为电信号作为电路的控制信号,而对于外部来说,光照强度就是控制信号。光照能够影响停车灯的接通或关闭,而停车灯却不能影响光照。具有这种特征的控制过程称为开环控制。图1-2所示为其控制过程。不探测因干扰或干扰参数而出现的与设定值的偏差,即不进行校正,即称为控制链。

2. 调节

在汽车技术中，调节指在一个工作循环或一个工作系统中，由某些信号的影响对某一参数或元件的控制。调节是实时变化的。

图1-3所示为车内暖风调节系统。温度测量传感器测量车内温度和出风口温度。调节器将两个温度测量传感器的信号与所设定的额定值进行比较。额定值用仪表板旁的一个电位计（可调电阻）来设定。例如，当车内温度很低时，调节器就向热水回路中的电磁阀发送脉冲。电磁阀打开，增加热水流量，增加在换热器中传输给出风空气的热能。反之，如果车内温度高于设定值时，调节器停止对电磁阀发送脉冲信号，流过换热器的热水量变小，从而空气在换热器中得到的热能减少。

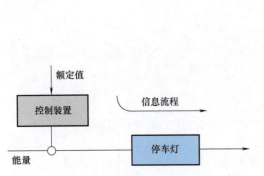

图1-2 黄昏自动开关电路控制过程

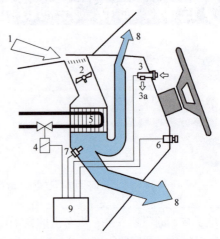

图1-3 车内暖风调节系统

1—冷空气 2—风扇 3—温度测量传感器 3a—流向进气管或鼓风机 4—电磁阀 5—换热器 6—额定值调节器 7—出风传感器 8—热空气 9—调节装置

系统将车内温度不断反馈给调节装置。调节装置对温度偏差做出反应并调节温度。图1-4所示为其调节过程。具有这种特征的控制过程称为闭环控制。

调节过程中通过参数之间的对比来控制调节，而对比参数不断变化从而影响待调节参数，这一流程称为调节回路。

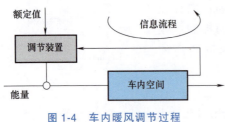

图1-4 车内暖风调节过程

3. 控制链

一个控制系统由输入元件、处理元件、执行元件等组成，如图1-5所示。

控制对象指需根据任务来对其进行调节的设备部分，通过输入元件将主导参数（输入参数）作为信号输送给控制链，然后处理元件按照给定逻辑规律对信号进行逻辑运算和处理，执行元件位于控制对象的输入端，它在执行位置对质量流程或能量流程进行调节。

如果将这一原理移植到图1-1所示电路上，就可以得到图1-6和图1-7所示的控制图和信息流程。

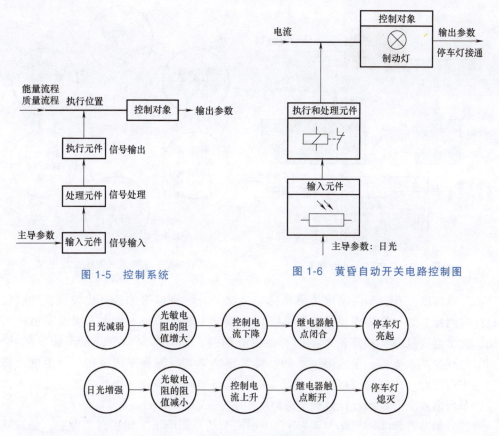

图 1-5　控制系统

图 1-6　黄昏自动开关电路控制图

图 1-7　黄昏自动开关电路信息流程

日光照射的强度作为外部主导参数，日光减弱导致设定的逻辑参数即光敏电阻的阻值增大，使对执行和处理元件的控制电流下降，从而继电器触点闭合，停车灯亮。反之，日光增强，光敏电阻阻值变小，控制电流上升，继电器触点断开，停车灯熄灭。这一控制流程称为控制链。

4．调节回路

一个调节系统由传感器、调节器、执行元件、调节对象等组成，如图 1-8 所示。

调节对象指需根据任务来对其进行调节的设备部分，测量传感器持续探测调节参数，调节的测量装置对信号进行处理。系统将额定值调节器调节到额定值（主导参数），在比较仪中将由测量装置提供的实际值与在额定调节器上固定设置的主导参数进行比较。比较仪生成调节偏差，若此偏差不是零，则将电压信号发送给执行元件。执行元件调节质量流程。

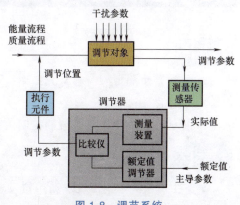

图 1-8　调节系统

如果将这一原理放到车内暖风系统上，就可以得到图 1-9 和图 1-10 所示的调节图和信息流程。

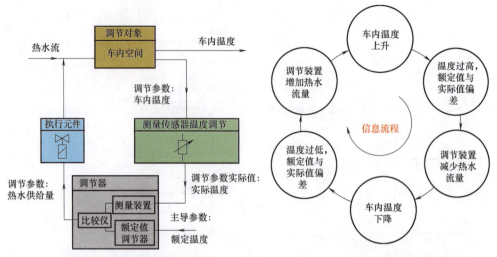

图 1-9 车内暖风系统调节图　　图 1-10 车内暖风系统信息流程

车内温度上升，车内温度传感器感知温度上升，将信号传送至比较仪，比较仪通过将测量参数（车内温度传感器温度）与额定参数（控制面板中人为设定值）对比，得出温度过高，额定值与实际测量值有偏差，调节器向调节阀发出调节脉冲，调节阀减少热水流量，车内温度下降。温度传感器实时测量车内温度，当温度下降到一定程度时，比较仪测得温度过低，额定值与实际值偏差，调节装置增加热水流量，车内温度上升。如此反复调节。

这一调节过程实时变化（调节），由于调节结果影响下一流程调节参数，形成闭合调节流程，这一流程称为调节回路。

课程互动：1. 请说出控制链和调节回路的区别。
　　　　　2. 举出日常生活中控制系统和调节系统的实例。

1.2 控制方式、信号形式及信号流程

学习目标

- 掌握常见的控制方式及其控制流程。
- 熟悉控制流程。
- 能够分析一个控制系统的控制流程。

课程引入

某车主反映其车辆出现发动机抖动的现象，经诊断发现是曲轴位置传感器故障，请分析曲轴位置传感器波形。

一个完整的控制系统包括输入、控制和输出三部分。信号形式分为两大类：模拟信号和数字信号。无论传感器输入的是模拟信号还是数字信号，经 ECU 处理后一定是数字信号，所以如果输入的是模拟信号，要经过模数转换为数字信号，再由控制单元进行处理，通过分析控制系统的波形信号，就可以判断其故障原因。

1. 模拟控制和信号形式

在仪表照明亮度控制系统中，灯泡亮度随着电阻的滑移而变化，灯泡电流随电阻位置变化而无级改变，如图 1-11 所示。

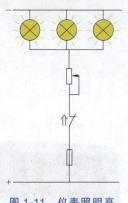

图 1-11 仪表照明亮度控制系统

在这个控制系统当中，灯泡的亮度变化随着滑动电阻接入闭合回路中的电阻大小而改变，滑动电阻的阻值是线性变化。因此，接入电路中的电压呈线性变化。当接入的电阻值大时，电阻分压多，灯泡两端的电压小，灯泡的亮度变暗；当接入的电阻值小时，电阻分压少，灯泡两端电压高，灯泡变亮。

这种通过改变接入电路元器件参数（阻值）而呈线性变化的信号（电压）称为模拟控制信号。图 1-12 所示为其工作原理和信号曲线。

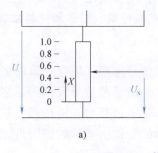
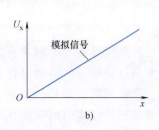

图 1-12 模拟控制信号
a）工作原理 b）信号曲线

2. 二进制控制和信号形式

在电路中，开关有两个工作状态，即

- 开—有电压（1）
- 关—无电压（0）

人们将数字 0 和 1 分配给这两种工作状态。这种双值性称为二进制。信号用二进制来输出。灯泡有两种工作状态：接通或关闭。灯泡照明电路如图 1-13 所示。

通过改变开关状态，可控制灯泡的工作——亮或不亮。开关的开用 1 来表示，关用 0 表示。灯泡的亮用 1 来表示，不亮用 0 表示。即当开关在 1 状态时，灯泡的工作状态是 1；当开关在 0 状态时，灯泡的工作状态是 0，如图 1-14 所示。

这种用两种不同的工作状态（0 或 1）来进行控制的

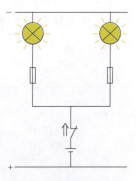

图 1-13 灯泡照明电路

信号称为二进制控制信号。

3. 数字控制信号和信号形式

在数字控制中，以规定步长来发出信号，不产生中间值。例如，在车速里程表（图 1-15）上，只有车速上升或下降达 1km/h 时，组合仪表中车速数字显示器才改变其显示值。显示器按计算步长来显示车速（1 计数步长 = 1 个数字）。图 1-16 所示为数字控制信号。

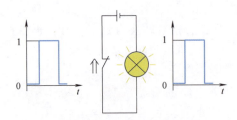

图 1-14　二进制控制信号图

图 1-15　组合仪表

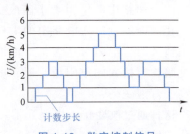

图 1-16　数字控制信号

> 课程互动：1. 请说出模拟信号和数字信号的区别。
> 　　　　　2. 举出日常生活中的一些模拟控制、二进制控制和数字控制实例。

4. 信号流程

下面以最原始的里程计数器为例来介绍信号流程。里程计数器通过车速信号的上升或下降计算车辆行驶里程，当经过计算的传感器信号到达一定累加数值时，电子计数器便增加一个数值以记录行驶里程。这一过程中，由传感器信号输入，计数器计算传感器信号，通过计算得出需要显示的数值，显示数值通过译码器采用数字信号控制二极管显示器，最终显示行驶里程。

（1）输入信号　这一过程中的输入元件是车速传感器，用能使车轮转速转换成电信号的感应式行程传感器作为输入元件。

（2）信号处理元件

1) 模拟-数字转换器。因为其他电子处理元件只能处理二进制信号，所以必须将感应传感器的模拟信号转换成为二进制信号。将电压脉冲由一个电子电路转换成等频率的矩形脉冲的元件称为模拟-数字转换器。模数转换如图 1-17 所示。

图 1-17　模数转换

通过模拟-数字转换器将模拟信号转化成数字信号输出，输出的信号由计数器来接收,通过接收转化成数字信号的车速信号来计数。

2)计算器。在电子计数元件中,把接收的脉冲进行累加,计算元件制作成如同集成电路一样的逻辑元件。每个计数元件都由多个计数级组成,每个计数级只能从0计数到1(二进制)。

这样就能进行从0~9的4个串联计数级计数(十进制),在第10个计数脉冲时每个计数级都退回到零位,见表1-1。

表1-1 计数器的工作过程

十进制数	有4个计数级的计数器 第4个计数级 / 第3个计数级 / 第2个计数级 / 第1个计数级				计数脉冲	说明
0	⊗	⊗	⊗	⊗		没有计数脉冲,各计数级都停留在0上
	0	0	0	0		
1	⊗	⊗	⊗	●	⊓	第1个计数级利用第1个计数级脉冲从0阶跃到1
	0	0	0	1		
2	⊗	⊗	●	⊗	⊓	第1个计数级利用第2个计数脉冲从1跳转到0并向下一个计数级发出进位脉冲,第2个计数级从0转换到1
	0	0	1	0		
3	⊗	⊗	●	●	⊓	第1个计数级利用第3个计数脉冲从0阶跃到1。第2个计数级保持原状态
	0	0	1	1		
4	⊗	●	⊗	⊗	⊓	第1个计数级利用第3个计数脉冲从1跳转到0,它向从1转换到0的第2个计数级发出进位脉冲。第2个计数级向从0转换到1的第3个计数级发出进位脉冲
	0	1	0	0		

3)信号输出。为了显示数字,使用7段显示器(a~g),每个段都由发光二极管制成,其效应与光敏二极管相反,即把电能转换成光能,发光二极管也称为光发射二极管,简称为LED。

为了把计数级的二进制信号转换成7段显示,就需要代码转换器(译码器),通过只读存储器的相关电路,就可激活各个发光段,如图1-18所示。

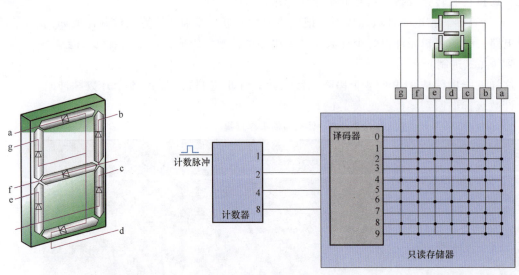

图 1-18　7 段显示器

整个工作流程如图 1-19 所示。

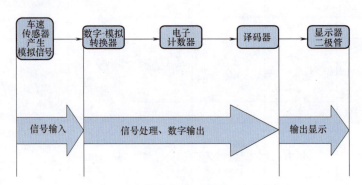

图 1-19　数字式显示器的工作流程

1.3　EVA 原理

学习目标

- 掌握 EVA 原理的概念。
- 能够用 EVA 原理分析汽车上的控制系统。

1. EVA 原理

EVA 原理是由输入、处理和输出 3 部分组成的控制系统,输入部件将信息传给控制部件,控制部件根据输入信息来控制输出部件的工作。汽车上的电控、液控和气控都是根据 EVA 原理进行控制的。下面以电控为例对 EVA 原理进行介绍。

每辆车辆的信息分析系统主要都由 3 个功能区组成,即输入(传感器)、处理(控制单元)和输出(执行机构),如图 1-20 所示。

信号输入装置——各种传感器，采集控制系统的信号，并转换成电信号输送给ECU。

信号处理装置——ECU，给各传感器提供参考电压，接受传感器信号，进行存储、计算和分析处理后向执行器发出指令。

信号输出装置——执行机构，由ECU控制，执行某项控制功能。

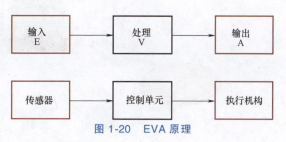

图1-20　EVA原理

这种输入—处理—输出原理称为EVA原理，在所有的车辆控制和调节系统中都有使用。

2. 汽车上EVA原理的实例分析

图1-21~图1-24分别为汽油发动机管理系统、柴油发动机管理系统和自动变速器管理系统中的EAV原理应用。

（1）汽油发动机管理系统　在以汽油机为动力的现代汽车上，发动机管理系统是集成燃油喷射、点火提前和排放控制为一体的汽油发动机管理系统，主要包括传感器、控制器和执行器三部分。发动机管理系统采用各种传感器，把发动机吸入空气量、冷却液温度、发动机转速与加减速等状况转换成电信号，送入控制器。控制器将这些信息与储存信息进行比较，精确计算后输出控制信号。发动机管理系统不仅可以精确控制燃油供给量，而且可以控制点火提前角和怠速空气流量等，确保发动机在所有工况下处于最佳工作状态，从而净化排放、降低燃油消耗、提高功率、改善驾驶性。

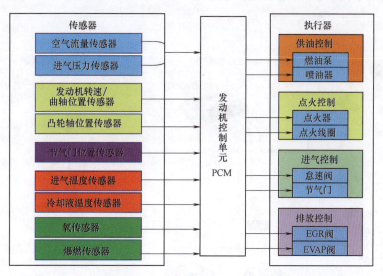

图1-21　发动机管理系统的组成

下面利用EVA原理来分析发动机管理系统，其中的E就是图1-21左边的传感器，其作用是检测发动机运行参数，转换为电信号，送至控制单元；V是图1-21中间的发动机控制单元，其作用是接收传感器的输入信号，分析计算后产生输出信号送至执行器；A是图1-21右边的执行器，其作用是接收控制单元的输出信号，产生执行动作，实现各种控制。

图 1-22　汽油发动机管理系统结构

（2）柴油发动机管理系统　与汽油机一样，柴油机电子控制系统由传感器、电控单元和执行器三部分组成，如图 1-23 所示。

传感器也称信号输入装置，其作用是进行信号的采集和转换，发动机主要通过安装在发动机和车辆上的各种传感器来实时监测当前的运行参数。不同机型的传感器类型和数量有所不同。

电子控制单元是整个系统的核心，它利用内部存储的软件与硬件，处理从传感器输入的诸多信号，并以这些信号为基础，结合内部软件的其他信息，制订各种控制命令，送到各个执行器，从而实现对柴油机的控制。目前的 ECU 型号与类型很多，不同的厂家生产不同的系列，即使是同一厂家所用的 ECU 也不会完全相同。

由于电控柴油机燃油系统的多样性，各种不同的电控燃油系统的执行器各不相同。常见的执行器主要有电磁阀、电动机、继电器、开关以及指示灯等。

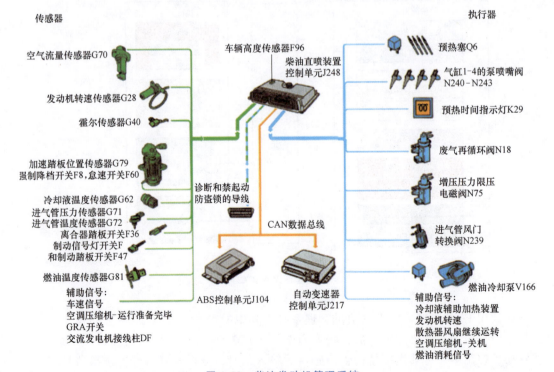

图 1-23　柴油发动机管理系统

（3）自动变速器管理系统　自动变速器的控制系统有液力式和电液式两种。液力式控制系统包括许多控制阀组成的阀板总成以及液压管路。电液式控制系统除了阀板总成以及液压管路之外，还包括电子控制单元、传感器、执行器和控制电路。阀板总成通常安装在齿轮变速器下方的油底壳内。图1-24所示为电液式自动变速器管理系统。

驾驶人通过操纵手柄改变手动阀的位置，控制系统根据手动阀位置、节气门开度、车速等，利用液压自动控制和电子自动控制原理，按照一定的规律控制齿轮变速器中的换档执行机构的工作，实现自动换档，它影响自动变速器的功能和性能。

利用EVA原理对该系统进行分析，E是信号输入装置，即各种传感器和开关；V是电子控制装置，A是执行机构，即各种电磁阀。

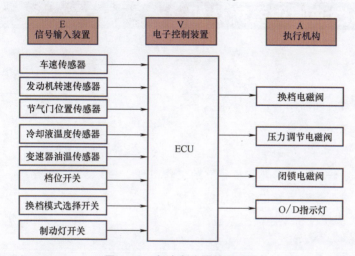

图1-24　自动变速器管理系统

项目 2

电子控制系统的认知与应用

2.1 发动机燃油喷射系统认知

学习目标

- 掌握燃油喷射系统的结构与组成。
- 了解燃油喷射系统的分类。
- 掌握燃油喷射系统的工作原理。
- 掌握燃油喷射系统中各传感器和执行器的工作原理。
- 能够认知燃油喷射控制系统中各部件的名称。
- 能够利用 EVA 原理分析燃油喷射系统。

课程引入

某车主反映其车辆出现无法起动的故障,试分析其原因。

1. 燃油喷射系统的结构与组成

燃油喷射系统的功用是:根据进气量确定基本喷油量,再根据其他传感器(如冷却液温度传感器、节气门位置传感器等)的信号对喷油量进行修正,使发动机在各种运行工况下均能获得最佳浓度的混合气,从而提高发动机的动力性、经济性和排放性。

汽油喷射控制是汽油机电控系统最主要的控制功能,汽油喷射控制的内容主要有:①喷油正时控制;②喷油持续时间控制;③停油控制;④电动汽油泵控制等。

一个完整的电控汽油喷射系统通常由空气供给系统、燃油供给系统和电子控制系统 3 个子系统构成。

(1) 空气供给系统

1) 作用:为发动机提供清洁的空气,并控制发动机正常工作时的供气量。

2) 组成:空气滤清器、空气流量传感器、节气门体和节气门位置传感器、进气总管和进气歧管等,如图 2-1 所示。

3) 空气量的测量:发动机吸入的空气量由节气门控制,并用空气流量传感器进行测量。

项目2 | 电子控制系统的认知与应用　13

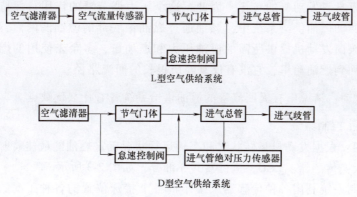

图 2-1　空气供给系统组成框图

（2）燃油供给系统

1）作用：供给喷油器一定压力的燃油，喷油器根据 ECU 的指令喷油。

2）组成：燃油供给系统分为有回油管和无回油管两种，其组成框图如图 2-2 所示。

传统的回油燃油供给系统又称为双管路燃油供给系统，汽油由电动汽油泵从燃油箱中吸出，经汽油滤清器除去杂质及水分、汽油压力缓冲器消除喷油所产生的微小脉动后，由输油管路配送给各缸喷油器，喷油器根据发动机 ECU 发出的指令，将适量的汽油喷入各缸的进气歧管。燃油压力由安装在燃油总管端部的燃油压力调节器调节，多余汽油经回油管路流至燃油箱。

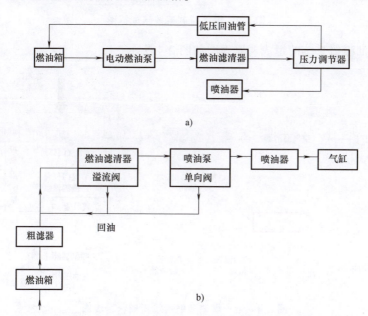

图 2-2　燃油供给系统原理图

a）带回油管的燃油系统　b）无回油管的燃油系统

为了克服燃油箱中产生的燃油蒸气问题，许多汽车采用了新型的燃油供给系统。在这些燃油供给系统中，由于没有设置未使用燃油从发动机流回燃油箱的回流管路，因此被称为无回油燃油供给系统，也称为单管路燃油供给系统。无回油燃油供给系统的燃油压力调节器和燃油泵合成为一体，它与发动机之间没有真空管连接，燃油压力调节器不参考发动机的负压,因此,这个压力调节器的作用是保持稳定的系统压力。在无回油燃油供给系统中,燃油通过燃油箱底部的燃油滤网后,被输送到燃油泵。燃油泵向发动机提供所需的燃油压力和燃油量,多余未使用的燃油通过压力调节器被送回到燃油箱里,它没有反复经历很长的回流路径。

> 课程互动:请说出有无回流管的燃油供给系统各有什么优缺点。

(3) 电子控制系统

1) 功用:根据发动机运转状况和车辆运行状况确定燃油的最佳喷射量。

2) 组成:传感器、ECU、执行器共3部分,如图2-3所示。

电子控制系统利用各种传感器采集车辆各个特殊位置的各种工况数据,并把它们转换成电信号。这些信号被传送到燃油喷射系统的控制单元,经运算处理后,确定出实际要喷射的燃油量。

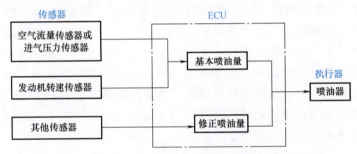

图2-3 电子控制系统组成框图

电子燃油喷射系统的组成、原理图如图2-4所示。

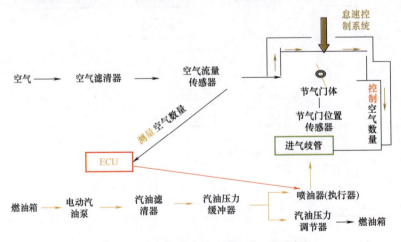

图2-4 电子燃油喷射系统组成、原理图

2. 燃油喷射系统的分类

由于生产的厂商和年代的不同,正在使用的电控汽油机品种繁多,布置形式和结构有较大的差异。为了对电控汽油机有一个概要的全面认识,对众多的电控汽油机按它们的主要结构特征或工作特征,可作如下分类。

1) 按控制方式分:机械控制式、机电结合控制式和电子控制式,目前使用的是电子控制式。

2）按喷射部位分：缸内喷射和进气管喷射。进气管喷射又分为单点喷射和多点喷射。缸内喷射、单点喷射和多点喷射如图2-5所示。目前使用的是缸内直喷和多点喷射。

① 缸内直接喷射：喷油器装在气缸盖上，把燃油直接喷入气缸内。

② 单点喷射：在节流阀体上安装一只或两只喷油器，向进气歧管中喷油形成燃油混合气，进气行程时燃油混合气被吸入气缸内。

③ 多点喷射：在每一个气缸的进气门前均安装一只喷油器，喷油器适时喷油。

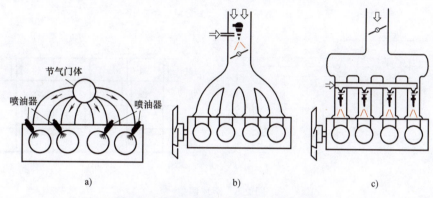

图 2-5 缸内喷射、单点喷射和多点喷射

a）缸内喷射 b）单点喷射 c）多点喷射

3）按喷油器喷油方式分：连续喷射系统和间歇喷射系统，间歇喷射分为同时喷射、分组喷射和顺序喷射。目前使用的方式是顺序喷射。

① 连续喷射：在发动机运转期间，汽油连续不断地喷射到进气道内。

② 同时喷射：所有喷油器在ECU的同一指令下同时开始喷射和停止，其喷油脉宽相等。其控制电路和喷射正时图如图2-6所示。

③ 分组喷射：把气缸的喷油器分成2~4组（4缸发动机通常分成2组），由微机分组控制喷油器，各组轮流交替喷射。其控制电路和喷射正时图如图2-7所示。

④ 顺序喷射：也称独立喷射，即喷油器按各缸的工作顺序，依次把汽油喷入各缸的进气歧管，喷油器驱动回路数与气缸数目相等。其控制电路和喷射正时图如图2-8所示。

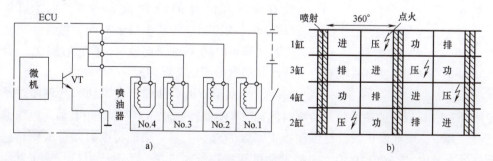

图 2-6 同时喷射

a）同时喷射控制电路 b）同时喷射正时图

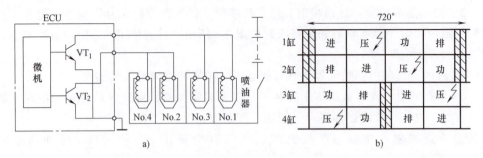

图 2-7 分组喷射

a) 分组喷射控制电路　b) 分组喷射正时图

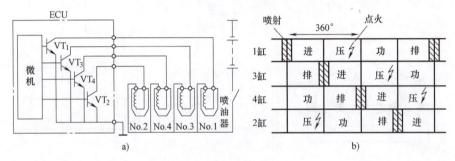

图 2-8 顺序喷射

a) 分组喷射控制电路　b) 分组喷射正时图

> 课程互动：请说出缸内喷射和缸外喷射的优缺点

3. 喷油量的计算

计算喷油量的目的是使发动机在各种运行工况下都能获得最佳的喷油量，以提高发动机的经济性和降低排放污染。喷油量的控制是通过对喷油器喷油时间的控制来实现的。

（1）起动喷油控制　发动机起动时，转速波动较大，无论 D 系统中的进气压力传感器还是 L 系统中的空气流量传感器，都不能精确地测量进气量，进而确定合适的喷油持续时间。因此起动时的基本喷油时间不是根据进气量（或进气压力）以及发动机转速计算确定的，而是 ECU 根据起动信号和当时的冷却液温度，由内存的冷却液温度-喷油时间图（图 2-9）找出相应的基本喷油时间。然后加上进气温度修正时间 T_A 和蓄电池电压修正时间 T_B，计算出起动时的喷油持续时间。

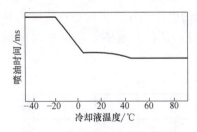

图 2-9 冷却液温度-喷油时间图

（2）起动后的喷油控制　发动机转速超过预定值时，ECU 确定的喷油信号持续时间=基本喷油持续时间×喷油修正系数 +电压修正值。其中，喷油修正系数是各种修正系数的总和。基本喷油持续时间可根据传感器信号查表确定：对于 D 型，根据发动机转速信号和进气管绝对压力信号确定基本喷油时间；对于 L 型，根据发动机转速信号和空气流量传感器信号确定基本喷油时间。喷油修正系数包括起动后加浓修正、暖机加浓修正、进气温度修正、大负荷工况喷油量修正、过渡工况喷油量修正、怠速稳定性修正等。电压修正值是考虑蓄电池电压变化的修正。

4. 燃油喷射系统中的功能组

下面介绍燃油喷射系统3个子系统中的一些主要功能部件进行。

（1）传感器

1）空气流量传感器。

作用：测量发动机吸入的空气量，并将信号输送给 ECU，作为燃油喷射和点火控制的主控制信号。

安装位置：空气滤清器与节气门体之间。

类型：叶片式、卡门漩涡式、热线式和热膜式。

叶片式和卡门漩涡式属于体积型，热线式和热膜式属于质量型。体积型空气流量传感器已被淘汰。

① 热线式空气流量传感器的结构和工作原理。热线式空气流量传感器的结构如图 2-10 所示。

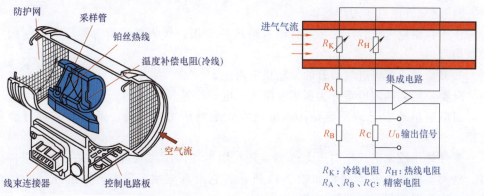

图 2-10　热线式空气流量传感器　　图 2-11　热线式空气流量传感器的温差控制电路

热线式空气流量传感器的基本工作原理：采样管中的热线电阻 R_H 和温度补偿电阻 R_K，与 R_A、R_B、R_C 共同构成桥式电路（图 2-11）。R_H、R_K 阻值均随温度变化。当空气流经 R_H 时，使热线温度发生变化，电阻减小或增大，使惠斯顿电桥失去平衡，若要保持电桥平衡，就必须使流经热线电阻的电流改变，以恢复其温度与阻值，精密电阻 R_C 两端的电压也相应变化，并且该电压信号作为热式空气流量计输出的电压信号送往 ECU。

为了克服热线易被脏污的缺陷，电控系统中设有热线自洁电路，发动机转速超过 1500r/min，关闭点火开关使发动机熄火后，控制系统自动将热线加热到 1000℃ 以上并保持约 1s，使附在热线上的粉尘烧掉。在有些电控系统中将热线与冷线的温差提高至 200℃，以减轻热线被脏污的程度。

② 热模式空气流量传感器。热模式空气流量传感器的结构如图 2-12 所示，它的工作原理与热线式空气流量传感器相同。热模式空气流量传感器与热线式空气流量传感器的主要差异是：热模式空气流量传感器的发热体用固定在薄的树脂基片上的金属铂膜代替铂丝，或者用厚膜工艺将热线、冷线、精密电阻镀在一块陶瓷基片上，从而简化结构，降低制造成本。由于热模式空气流量传感器的发热体不直接承受空

气流动所产生的作用力,因此可提高发热体的强度、工作可靠性和使用寿命,且不易被尘埃脏污。这种流量传感器的主要缺点是空气流速不均匀易影响测量精度。

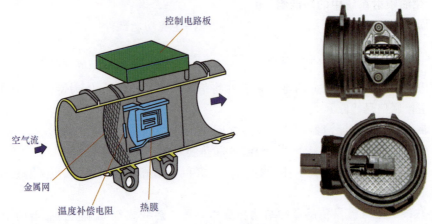

图 2-12 热模式空气流量传感器

2)进气管绝对压力传感器。

作用:测量进气管压力,并将信号输送给ECU,作为燃油喷射和点火控制的主控制信号。

安装位置:靠近进气歧管的发动机室内。

分类:按其检测原理分为压敏电阻式、电容式等。

目前应用最广泛的是半导体压敏电阻式绝对压力传感器,下面对其进行简单介绍。

半导体压敏电阻式绝对压力传感器是利用半导体压阻效应制成的一种测压传感器。这类传感器的基本结构如图 2-13 所示,它由真空室、压力转换组件(硅片)、测压通道和混合集成电路等组成。

压敏电阻式压力传感器的工作原理如图 2-14 所示,硅膜片布置在测压通道的末端,把真空室和测压通道分隔开来。测压通道通过软管与进气歧管相连,把进气歧管内的进气压力引到薄膜上。在气体压力的作用下,硅薄膜将发生拱曲变形,并在硅薄膜上产生应力,在该应力的作用下,压敏电阻的阻值随之发生相应变化。由于电桥桥臂电阻值的平衡被破坏,因而在惠斯顿电桥的输出端就可以得到与进气歧管绝对压力相对应的输出电压或输出电流值。

混合集成电路主要由放大电路和温度补偿电路组成,其作用是对压力转换组件输出信号进行放大,随着温度的变化对偏置电压进行修正,以保证在一定的温度范围内传感器的输出电压为定值。

3)温度传感器。发动机温度传感器的作用是测量发动机的进气、冷却液、燃油等的温度,其结构、电路和信号,如图 2-15 所示。温度传感器主要由热敏电阻和引出导线组成。由半导体材料制成的热敏电阻,其电阻值具有随温度变化而变化的特性。根据电阻值随温度变化的规律不同,可将热敏电阻分为负温度系数型(NTC 型)和正温度系数型(PTC 型)两种类型。负温度系数型热敏电阻的电阻值与温度的变化呈负相关,即电阻值随温度的升高而降低;正温度系数型热敏电阻的电阻值与温度的变化呈正相关,即电阻值随温度的升高而升高。发动机温度传感器都是使用的负温度系数热敏电阻。

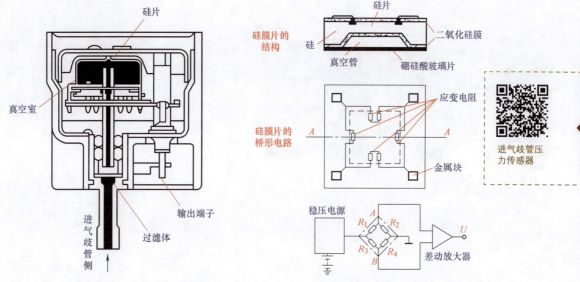

图 2-13　压敏电阻式压力传感器的结构　　图 2-14　压敏电阻式压力传感器工作原理

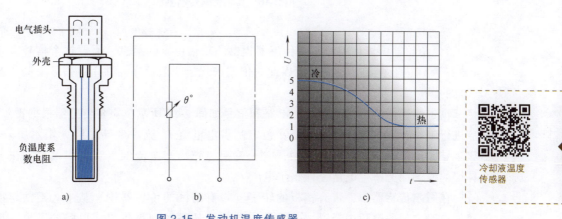

图 2-15　发动机温度传感器
a）结构　b）电路　c）信号

4）曲轴位置传感器。曲轴位置传感器（Crankshaft Position Sensor，CKPS）又称为转速传感器，功用是检测曲轴转角位移，给 ECU 提供发动机转速信号和曲轴转角信号，作为燃油喷射和点火控制的主控信号。

曲轴位置传感器的结构、电路和信号如图 2-16 所示。曲轴位置传感器由带有基准标记的齿盘（信号盘）、永久磁铁和铁心组成的感应头及感应线圈组成（图 2-17a），感应头的端部与信号轮齿轮顶之间具有 1mm 左右的间隙。信号轮转动时，每当信号轮轮齿接近和离开感应头时，通过感应线圈的磁通量将随着齿形的凸凹产生相应的变化，从而在感应线圈上感应出交流信号。信号轮转过一圈，在感应线圈的输出端将产生与信号轮齿数相同个数的交流信号，ECU 根据输出信号的个数、周期及与发动机转速的关系，就能计算出发动机转速和曲轴转角。

为了探测曲轴的位置，脉冲传感器轮有一个齿隙。一旦齿隙从感应传感器旁经过，较大的磁通量变化就会产生较高的电压，控制单元根据该信号识别曲轴的位置。

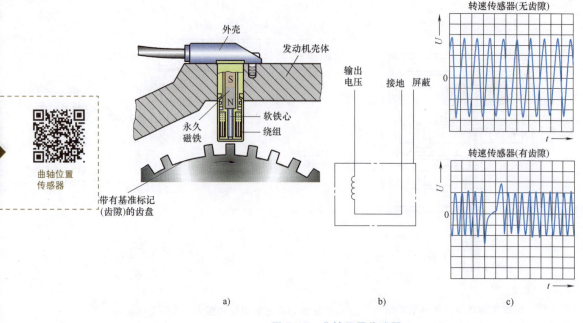

图 2-16 曲轴位置传感器
a) 结构 b) 电路 c) 信号

5) 凸轮轴位置传感器。该传感器提供凸轮轴位置的信息，需要这个信号来判断 1 缸是否到达上止点，控制单元以此为依据来规定喷射顺序，并用该信号来调节各个气缸的爆燃。

霍尔传感器的结构与原理、电路和信号如图 2-17 所示。霍尔传感器根据霍尔效应进行工作，霍尔效应的基础是让恒定的供电电流 I_V 流过半导体层（霍尔层），且该半导体层受到一个磁场的作用，电子就朝与磁场和电流的垂直方向偏移，在半导体层的横侧面上产生电压，即霍尔电压 U_H。

在霍尔传感器中，带有挡板的转子（带有扇区的传感器轮）从永久磁铁与霍尔集成电路之间的空隙中经过。一旦挡板挡住了从磁场到霍尔集成电路的通道，霍尔电压就会消失，霍尔集成电路就将信号电流截断。一旦挡板不再挡住该间隙，磁场就穿过霍尔层，霍尔集成电路就会接通信号电流。霍尔电压的接通与断开就作为控制单元的信号。

6) 氧传感器。氧传感器也称 λ 传感器，其作用是检测排气中的氧浓度，向 ECU 输送空燃比信号。该传感器有氧化锆（ZrO_2）式和氧化钛（TiO_2）式两种。下面以常用的氧化锆式为例介绍其工作原理。

氧化锆管为多孔性的陶瓷体，具有氧离子传导性。高温下氧发生电离，当管的内、外表面接触到氧密度不同时（即存在浓度差），固体电解质内部的氧离子从内（大气侧）向外（废气侧）扩散，从而使锆管成为电池，在管内、外侧的铂电极便产生电压。混合气稀，废气中氧含量高，锆管内、外氧浓度差小，产生的电压小。反之，亦然。传感器在过量空气系数 λ=1 时产生电压跃变，并提供一个表示混合气是浓于或稀于 λ=1 的信号。控制单元把此信号与额定值进行比较并把混合气进行加浓或减稀。其结构、电路和信号如图 2-18 所示。

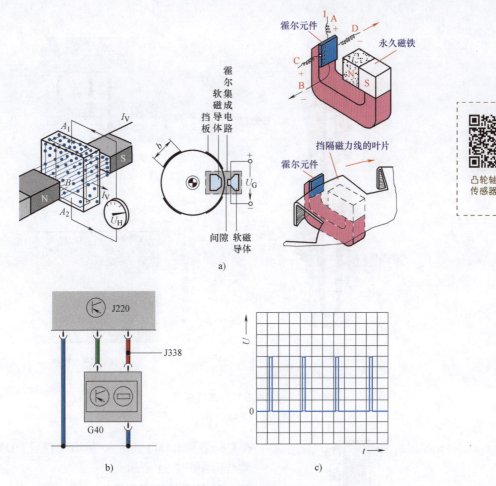

图 2-17 霍尔传感器

a) 结构与原理 b) 电路 c) 信号

A_1、A_2—霍尔层 U_H—霍尔电压 B—磁场（磁通密度） I_V—恒定的供电电流 U_G—传感器电压

J220—控制单元 J338—节气门控制单元 G40—霍尔传感器

（2）执行器

1）喷油器。喷油的作用是根据 ECU 的指令控制燃油喷射量。目前使用的是电磁式喷油器，其结构如图 2-19 所示。电磁喷油器拥有一个带有套装式衔铁的针阀和一个电磁线圈。喷油器不工作时，针阀在回位弹簧作用下将喷油孔封住，当 ECU 的喷油控制信号将喷油器的电磁线圈和电源回路接通时，针阀在电磁力的吸引下克服弹簧压力、摩擦力和自身重量，从静止位置往上升，燃油从喷油器头部喷出。

2）燃油泵继电器。此继电器由电磁铁、衔铁和开关触点组成。当电路接通时，铁心把拨动开关触点的衔铁吸住，这时可使触点张开、闭合或转换。继电器用于打开、关闭燃油泵等。继电器电路分为控制电路和主电路。控制电路的电流流经线圈并产生磁场，由此把衔铁吸住，衔铁使主电路的开关触点闭合，如图 2-20 所示。

（3）电子控制单元 ECU 是电子控制的中心，具有空燃比控制、点火正时控制、加减速控制、下坡断油控制、超速控制、急速控制、空调控制等功能。它包括：中央处理器（CPU）、只读存储器（ROM）、可编程的只读存储器（PRAM）、运行数

氧传感器

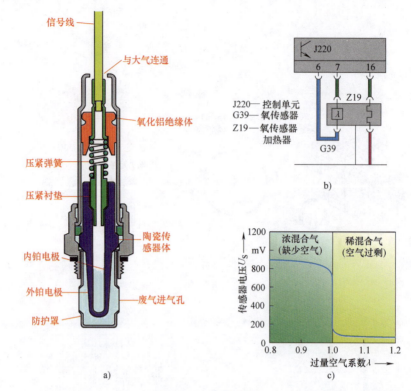

图 2-18 氧传感器
a) 结构　b) 电路　c) 信号

据存储器（RAM）、输入/输出接口（I/O）等。其结构如图 2-21 所示。

5. 信号检查和测量

在对控制系统进行故障诊断时，首先要对控制信号进行检测，通过将检测信号与正常信号进行对比找出故障，然后分析故障原因并对其进行诊断。下面对常用的检测方式及信号测量进行简单介绍。

（1）示波器

1）示波器的检测。万用表常用于静态电路的检测。在进行动态检测时，例如在发动机运转过程中或在诊断间歇性故障时，则使用示波器。

示波器能显示接收信号的振动、振幅、频率和脉冲宽度，它能在显示屏上显示出电压（水平轴）与时间（竖直轴）的关系图。

使用示波器，一方面可以诊断间断出现的故障，另一方面可以观察，例如通过拔掉多脚插头而产生的对结构元件产生的影响结果。

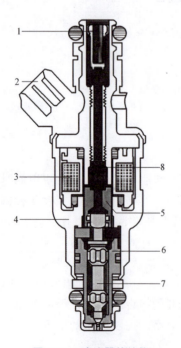

图 2-19 喷油器的结构
1—在燃油入口中的滤网　2—电气连接
3—电磁线圈　4—阀套　5—衔铁
6—阀体　7—针阀　8—螺旋弹簧

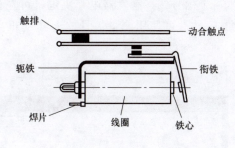 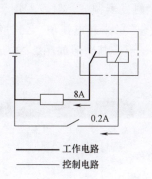

图 2-20　燃油泵继电器的结构与工作原理

通常用两根电缆（为了防止错误测量，只能使用示波器指定的测量线）来连接示波器。这两根电缆称为探头。

现在主要使用双通道示波器，它拥有一个 1 号通道和一个 2 号通道，能在显示屏上同时显示两条不同的电压与时间关系曲线，也可以把每个通道单独地用于测量。

2）示波器的调节。在测量交流电压时，必须进行交流调节；在测量直流电压时，必须进行直流调节。在调节接地时，把 Y 放大器的输入端内部接地。经过这样调节就能在显示屏上检查零位线的状态，并在必要时重新进行一次，而不必把测量线拆离测量对象的接线柱。

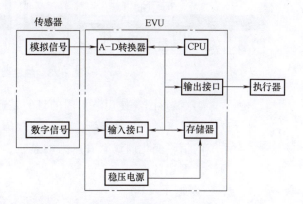

图 2-21　控制单元（ECU）

在 Y 轴上规定电压的标度，该标度可以决定信号图形的大小。在 X 轴上规定时间标度的大小，用秒（s）或毫秒（ms）来表示时间间隔，以时间轴的宽度来表示测量信号的大小。示波器的 Y 轴和 X 轴如图 2-22 所示。

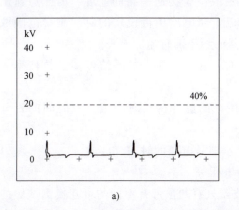 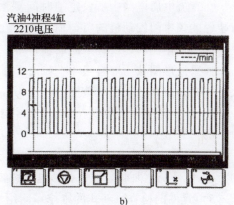

　　　　a)　　　　　　　　　　　　　　b)

图 2-22　示波器的 Y 轴和 X 轴
a) Y 轴　b) X 轴

3）触发器调节。触发器用于产生一个信号图。触发器电平决定了可在显示屏上显示出图形的最新电压值。通过触发器信号沿可使用测量信号的上升（正）沿或下降（负）沿。其图形如图2-23所示。

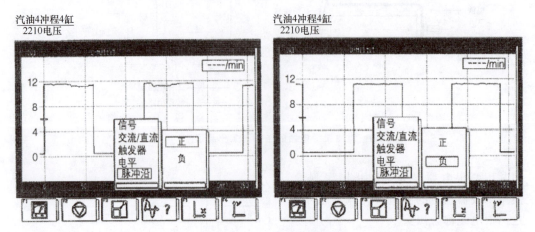

图2-23 触发器的测量信号

4）波形图。使用波形图的目的是通过把接收到的波形图与典型的信号变化曲线进行比较来做出故障诊断。一个有故障元件或电路的信号变化曲线与一个功能良好系统的信号变化曲线有着巨大的差别，借此可明确地识别故障。在解释波形图时必须注意下述各点：

① 电压（U）。

② 电压或振幅与电路的工作电压有关，如果信号变化曲线超出图像边缘太远，则必须放大电压范围；如果信号变化曲线太小，则必须缩小电压范围。如果一个元件（例如电磁阀），被关闭了，就可能会产生电压峰值，对电压峰值通常可忽略不计。

③ 在某一时刻的信号变化曲线。

④ 每1/s的频率（赫兹Hz）：每秒的振动。频率与电路的运行速度有关。

在直流电压电路中所设定的时间测量范围取决于接通电路的速度，因此怠速调节装置的频率随发动机的负荷而变化；在交流电压电路中待设定的时间测量范围取决于信号发生器的速度，因此曲轴转角传感器的频率随转速而上升。

如果波形图被压缩得很小，则必须缩小时间测量范围；如果波形图被拉伸得太大，则必须放大时间测量范围。

⑤ 脉冲宽度—脉冲率（%）。信号电压所在的脉冲持续时间用占总时间的百分数（%）来表示。

⑥ 用占总时间的百分数（%）来表示显示信号电压的时间（t）。

⑦ 信号变化曲线。如正弦形电压、矩形电压等。

5）元件的检查。新式的维修车间用示波器只有两根带有不同的可互换测试棒的测量线，通常把红色的正极电缆接到控制单元的线脚上，把黑色的负极电缆接到合适的接地线上。

（2）带有双通道示波器的KTS诊断测试仪 诊断测试仪（Bosch KTS 550）可以

通过双通道示波器来显示元件和电路信号变化曲线,如图 2-24 所示。

选择通道 1 和通道 2 信号的 X 与 Y 偏差时可通过单击方式看到信号的全部信息;也可以以数字形式显示被触发信号的脉冲时间、周期延续时间、脉冲占空系数和频率,可以选择触发信号:

1) 触发源:可以把在通道 1 和通道 2 附近的信号作为触发源来利用。

2) 触发模式:①自动电平,触发电平自动与信号匹配。②手动,可用软键 F5 和 F6 来调节触发电平。

3) 自动定时,最迟在 2s 后重新显示图形,即使并未触发。

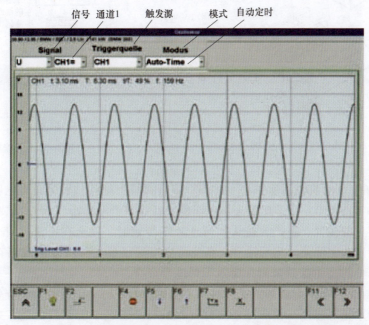

图 2-24 带有双通道示波器的 KTS 诊断测试仪显示界面

(3) 检测盒 检测盒使测试仪不直接接触多脚插头而是连接到控制单元线脚上,用一根适配电缆把它连接在控制单元和线束之间。为了可靠便捷地连接测试仪,检测盒的接头都用数字做出标记。检测盒如图 2-25 所示。

检测盒的优点是减少接地带电线脚或另一个元件短路并损坏导线或元件的危险。

(4) 通过控制单元多脚插头检测 如果没有检测盒可供使用,可在控制单元多脚插头的线束一侧进行测量,为此必须要取下多脚插头的防护盖板,以便能够接触到线脚。为了进行测量,必须清楚控制单元多脚插头的线脚分布情况,如图 2-26 所示。

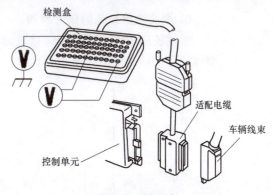

图 2-25 检测盒

进行测试时需要很细的测试探针,以便量取线脚与接地线之间或两个控制单元线脚之间的信号。

(5) 故障码的运用

1) 诊断测试仪。用一根诊断适配线把诊断测试仪连接到车辆诊断插头上,诊断测试仪以故障码及文字的形式显示故障。诊断测试仪如图 2-27 所示。

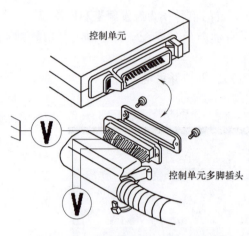

图 2-26 通过控制单元多脚插头检测

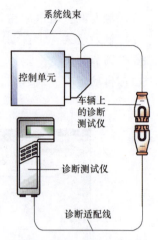

图 2-27 诊断测试仪

2) CAS (计算机辅助服务)。在 USB/串行接口上把连接着笔记本电脑的诊断测试仪 (例如 KTS 550) 用适配线连接到车辆诊断接口上。单击"组件安装位置",可看到诊断接口的位置。在把数据从车辆向 KTS 传输时,就会在维修说明中显示来自车辆的故障码和实际值。当起动点火系统之后可通过单击"读取故障码存储器"而读出故障,单击"清除故障码存储器"而进行清除。

3) 闪烁码。在没有诊断测试仪时,只能通过闪烁码来读取故障码存储器,为此需要在控制单元上连接一盏外部检测灯 (1.2W)。通过 5 次节气门全开来进行故障码输出的起动 (激活) 和转接。每个闪烁码由 4 个闪烁字组组成,每个字组都表示一个数字。

6. 燃油喷射系统的信号检测

通过使用示波器或诊断仪对燃油喷射系统中的信号进行检测,把检测信号与上面功能部件的正常信号图进行比较,可判断该部件是否正常工作。下面以测量喷油器的信号为例说明对其信号进行测量的方法。

首先用示波器或诊断仪读取喷油器波形 (图 2-28) 信号,当喷油器不工作时,喷油器的负极 (发动机电控单元控制侧) 电压为蓄电池电压。当发动机控制单元控制喷油器导通,负极一侧的电压降低到接近 0V,喷油器的针阀打开,喷油器开始喷油。当发动机控制单元断开喷油器的电流时,因为线圈的自感作用在喷油器中产生一个瞬间的感应高电压。自感电压维持的时间很短,当自感电压消失后,喷油器的负极电压恢复为蓄电池电压。

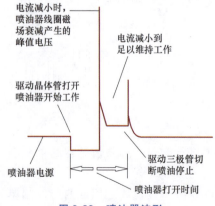

图 2-28 喷油器波形

如果检测到的波形和正常波形不一样,可以根据波形分析其故障原因。

7. EVA 原理在燃油喷射系统中的应用

燃油喷射系统调节回路如图 2-29 所示。

利用 EVA 原理对其进行分析可知:E 为空气流量传感器、氧传感器;V 为控制单元;A 为喷油器。其 EVA 框图如图 2-30 所示。

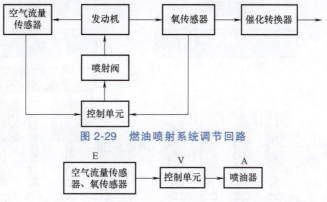

图 2-29 燃油喷射系统调节回路

图 2-30 燃油喷油系统调节回路的 EVA 框图

2.2 点火控制系统的认知

学习目标

- 掌握点火系统的结构与组成。
- 掌握点火系统的工作原理。
- 能够认知点火控制系统中各部件的名称。
- 掌握爆燃的控制原理。
- 理解点火提前角的控制原理。
- 能够利用 EVA 原理分析点火系统。

课程引入

某车主反映其车辆出现加速无力的现象,通过读取数据流,发现急加速时出现点火推迟故障,试分析其原因。

1. 电子点火系统简介

微机控制点火系统,按照是否保留传统的分电器(实质上指配电器),可分为两大类:有分电器点火系统和无分电器点火系统。无分电器点火系统的点火方式有同时点火方式和独立点火方式两种。有分电器点火系统基本已被淘汰,下面主要对目前使用的无分电器点火系统进行介绍。

无分电器点火系统由传感器、ECU 和执行器组成,如图 2-31 所示。

独立点火方式是每缸一个点火线圈,即点火线圈的数量与气缸数相等。由于每缸都有点火线圈,即使发动机转速很高,点火线圈也有较长的通电时间,可提供足够高的点火能量。

同时点火方式是两个气缸共用一个点火线圈，高压线圈的两端分别接在同一曲拐方向两缸火花塞的中央电极上，高压电通过形成回路。点火时，一个气缸活塞处在压缩行程的上止点前，火花将压缩混合气点燃；另一个气缸则处于排气行程上止点前，气缸内是废气，点火无效。

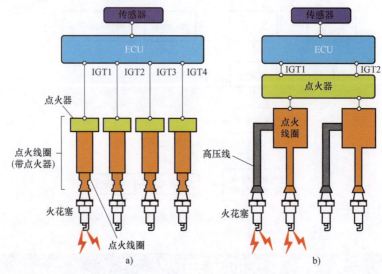

图 2-31 独立点火系统和同时点火系统

a）独立点火系统 b）同时点火系统

2. EVA 原理在点火系统控制和调节系统中的应用

现代轿车电控发动机广泛采用电子控制点火系统。电子控制点火系统能够对点火全过程进行控制，完全满足汽油机对点火系统的基本要求，使发动机的动力性、经济性达到较高的水平。

点火控制系统主要由传感器、处理器和执行器组成，这 3 个组成部分分别对应了 EVA 原理中的 E、V 和 A 部分，如图 2-32 所示。

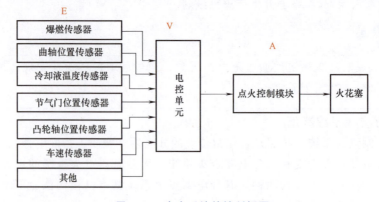

图 2-32 点火系统的控制框图

点火系统的控制包括点火提前角控制、通电时间控制和爆燃控制。下面就以爆燃控制为例介绍点火系统的调节系统。

爆燃是一种不正常燃烧。轻微的爆燃会导致冷却液过热,功率下降油耗上升。爆燃严重时,会导致发动机损坏。

爆燃的控制方法:通过增加爆燃传感器检测是否发生爆燃及爆燃程度,并根据判定结果对点火提前角进行反馈控制。其调节回路如图 2-33 所示。

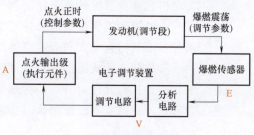

图 2-33 爆燃调节回路

为了调节爆燃,常在发动机 2 缸和 3 缸之间安装一个爆燃传感器(选择性爆燃调节)。爆燃传感器把燃烧过程中的压力振动转换成信号,并把信号传送给控制单元,控制单元根据输入信号选择一个储存在点火特性曲线族中的一个点火提前角并起动点火输出级。如果系统拥有气缸识别功能,控制单元就能探测出发生爆燃的气缸。

图 2-34 所示为爆燃的调节过程。一旦发生爆燃,点火提前角就会被回调,即调节系统把点火提前角往"推迟"方向移动;若发生多次爆燃,则会一直把点火正时往回调,直到爆燃传感器不再发生爆燃信号为止。在爆燃停止以后,点火提前角会重新逐步接近储存在点火特性曲线族中的数值。进行选择性气缸爆燃调节时,分别为每个缸进行爆燃调节。控制单元通过爆燃传感器的信号并结合已发出的点火信号、上止点信号和转速信号来检测在哪一个气缸中发生了爆燃。

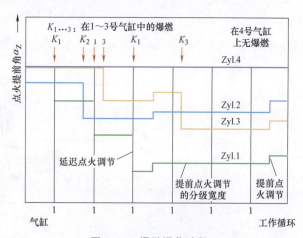

图 2-34 爆燃调节过程

2.3 怠速控制系统的认知

学习目标

- 掌握怠速控制系统的组成和工作原理。
- 了解怠速控制系统中各部件的结构与工作原理。
- 能够认知怠速控制系统各部件。
- 能够利用 EVA 原理分析怠速控制系统。

课程引入

某车主反映其车辆出现怠速抖动的现象,试分析其原因。

1. 怠速控制系统的基本原理

怠速控制系统的功能是用高怠速实现发动机起动后的快速暖机过程和自动维持

发动机怠速在目标转速下稳定运转。

　　怠速控制的实质是对怠速工况下的进气量进行控制。控制怠速进气量的方法有两种：节气门直动式和旁通空气式。

　　节气门直动式通过执行元件改变节气门的最小开度来控制怠速进气量；旁通空气式通过执行元件对节气门旁通气道通道截面积尺寸的控制，改变进气量，调节怠速转速，目前基本已被淘汰。怠速控制系统如图 2-35 所示。

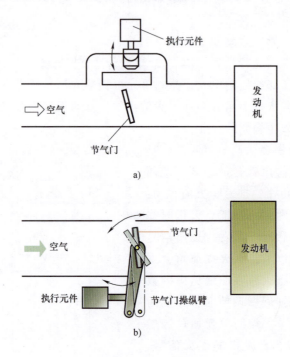

图 2-35　怠速控制系统
a）旁通空气式　b）节气门直动式

2. EVA 原理在怠速控制系统中的应用

　　怠速控制系统主要由传感器、ECU 和执行器元件组成。ECU 根据传感器的信号来确定目标转速并与发动机实际转速进行比较，再根据其差值确定相应的控制量，进而驱动控制空气量的执行机构动作，如图 2-36 所示。

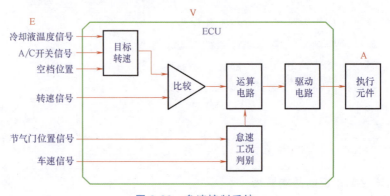

图 2-36　怠速控制系统

2.4 燃油蒸发控制系统的认知

学习目标

- 够认知燃油蒸发控制系统各部件。
- 能够应用 EVA 原理对燃油蒸发控制系统进行分析。
- 能够对燃油蒸发控制系统常见故障进行诊断。
- 掌握燃油蒸发控制系统的组成和工作原理。
- 了解燃油蒸发控制系统中各部件的结构与工作原理。

课程引入

某车主反映其车辆在行驶过程中出现加速无力或熄火现象,在诊断过程中发现急加速时出现油箱负压过大,试分析其原因。

燃油蒸发控制系统是汽车发动机辅助控制系统之一,也是汽车发动机排放控制系统之一。燃料蒸发控制系统的作用是收集燃油箱中的汽油蒸气,并将汽油蒸气导入气缸参加燃烧,从而防止汽油蒸气直接排入大气而造成污染。同时,根据发动机工况,控制导入气缸参加燃烧的汽油蒸气量。

1. 燃油蒸发控制系统组成和工作原理

如图 2-37 所示,燃油箱的燃油蒸气通过单向阀进入活性炭罐上部,空气从炭罐下部进入,通过活性炭后进入进气管。发动机正常工作时,进入进气歧管的回收燃油蒸气量必须加以控制,以防破坏正常的混合气成分。发动机工作时,ECU 根据发动机转速、温度、节气门开度等信号,用占空比控制炭罐电磁阀的开闭来实现排放控制阀上部的真空度,从而控制排放控制阀的开度。当排放控制阀打开时,燃油蒸气通过排放控制阀被吸入进气歧管。发动机处于怠速状态或温度较低时,ECU 使电磁阀断电,关闭吸气道,活性炭罐内的燃油蒸气不能被吸入进气歧管。

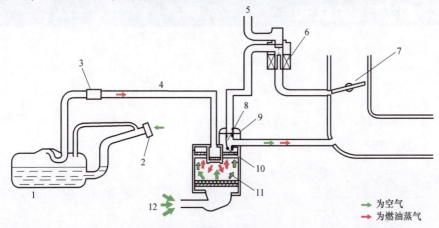

图 2-37 燃油蒸发控制系统

1—燃油箱 2—油箱盖 3—单向阀 4—通气管路 5—接进气缓冲室
6—活性炭罐通气电磁阀 7—节气门 8—主通气口 9—活性炭罐通气阀
10—定量通气小孔 11—活性炭罐 12—新鲜空气

2. EVA 原理在燃油蒸发控制系统中的应用

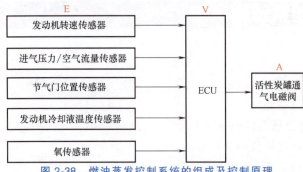

图 2-38　燃油蒸发控制系统的组成及控制原理

燃油蒸发控制系统的组成及控制原理如图 2-38 所示。它由传感器（E）、ECU（V）和执行器（A）组成，EUC 根据有关传感器的信号判断发动机的工况与状态，并输出相应的控制脉冲，通过控制炭罐通气电磁阀的开关占空比来调节炭罐通气阀的开度，使流经炭罐进入进气管的空气流量适应发动机工况、状态变化的需要。燃油蒸发控制系统具体的控制过程如下：

（1）发动机转速变化时的炭罐通气量控制　ECU 根据发动机转速传感器获得发动机转速信号。当发动机转速较高时，ECU 输出控制脉冲使炭罐通气阀开度加大，以增加炭罐通气量，使炭罐中的燃油蒸气能及时被净化掉。当发动机不工作（无转速信号）时，ECU 使炭罐通气阀关闭，炭罐中无空气流通。

（2）发动机负荷变化时的炭罐通气量控制　ECU 根据进气管压力（或空气流量）传感器获得发动机负荷信号。当发动机负荷大时，ECU 输出控制脉冲使炭罐通气阀开度加大，用较大的通气量将炭罐中的燃油蒸气及时净化掉。当发动机处于怠速工况（节气门位置传感器提供发动机怠速信号）时，ECU 输出的控制脉冲使炭罐通气量减少，以免造成混合气过稀而使发动机怠速不稳。

（3）发动机温度低时的炭罐通气量控制　ECU 根据冷却液温度传感器获得发动机温度信号。当发动机温度低于 60℃ 时，炭罐通气阀完全关闭，使炭罐无空气流通，以避免影响发动机的工作。

（4）空燃比反馈炭罐通气量控制　ECU 根据氧传感器信号判断混合气空燃比状态。当氧传感器输出混合气过浓或过稀的电信号时，ECU 输出控制脉冲，及时调整炭罐通气阀的开度，以避免混合气过浓或过稀。

2.5　CAN 总线的认知

学习目标

- 能够测量 CAN 总线的信号，并根据信号进行故障分析。
- 能够应用 EVA 原理对 CAN 总线控制系统进行分析。
- 能够对 CAN 总线控制系统常见故障进行诊断。
- 掌握 CAN 总线的组成和工作原理。
- 了解 CAN 总线的应用。

课程引入

某车主反映其车辆静置一两天后无法起动，维修技术人员怀疑是舒适系统不休眠，试分析其原因。

1. CAN 总线简介

CAN 总线全称为控制器局域网（Controller Area Network），是一种现场总线（区别于办公室总线），是德国博世（Bosch）公司为解决现代汽车中众多的控制与测试仪器之间的数据交换而开发的一种串行数据通信协议。有、无 CAN 总线系统的汽车结构对比如图 2-39 所示。

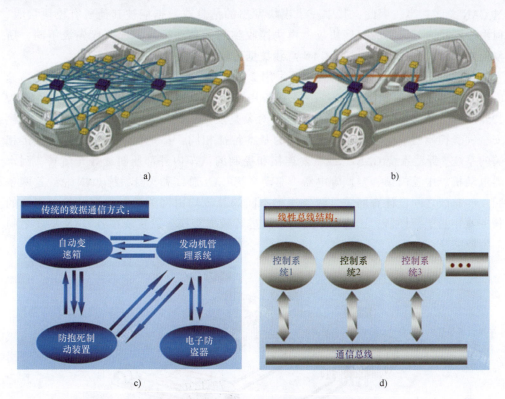

图 2-39 有、无 CAN 总线系统的汽车结构对比

a) 带有 3 个中央控制单元的汽车　b) 带有 3 个中央控制单元和总线系统的汽车
c) 传统的数据通信方式　d) 线性总线结构

CAN 总线使用两条相互扭结在一起的铜导线进行数据传输。这两条导线被称为 CAN-High（CAN 高）和 CAN-Low（CAN 低）。CAN 总线采用双绞线结构，如图 2-40 所示，这样既可以防止电磁干扰对传输信息产生影响，也可以防止本身对外界产生干扰。控制器在 CAN-High 和 CAN-Low 分别发送高、低电平，两个电平互为镜像，可以防止本身对外界的干扰。

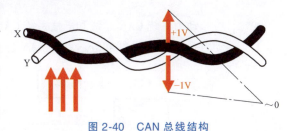

图 2-40 CAN 总线结构

CAN 总线具有以下特点：

1）CAN 总线的最大数据传递速率为 1000kbit/s。

2）CAN 总线基本系统由多个控制单元组成，每个控制单元通过收发器并联在总线导线上。

3）事件触发，网络中所有活动都是由事件的发生所引起的。

4）广播原理，CAN 总线上的每个控制单元均可接收发送信息。

5）CAN 总线上的控制单元都是独立的控制单元，在诊断仪中有独立的诊断地址。

在车身局域网中，信息的传递与之前有了很大的改变，各个模块间的数据都通过 CAN 总线共享，因此，其中一个模块发出的信息或数据能被其他所有模块接收，但由于模块内部编写的程序协议，模块接收到的信息在模块内部的优先级不同，所以模块采取的动作也不一样。CAN 总线数据传输模式，如图 2-41 所示。

目前汽车上的网络连接方式主要采用 2 条 CAN 总线，一条用于动力系统的高速 CAN 总线，速率达到 500kbit/s；另一条用于舒适系统的低速 CAN 总线，速率为 125kbit/s。动力系统 CAN 总线主要连接对象是发动机控制器（ECU）、ABS 控制器、安全气囊控制器、组合仪表等，它们的基本特征相同，都是控制与汽车行驶直接相关的系统。舒适系统 CAN 总线主要连接和控制的汽车内外部照明、灯光信号、刮水器电动机、中控门锁、空调等电器。驱动系统 CAN 总线和车身系统 CAN 总线这两条独立的总线之间设计有网关，两条速率不同的总线均由网关进行数据交换。网关的任务就相当于翻译器，让速率不同的总线进行数据交换，以实现在各 CAN 总线之间的资源共享。

图 2-41　CAN 总线数据传输模式

动力系统 CAN 总线和舒适系统 CAN 总线中的数据传输数据不同，通过网关可以使动力系统 CAN 总线和舒适系统 CAN 总线中的数据进行交换共享，如图 2-42 所示。

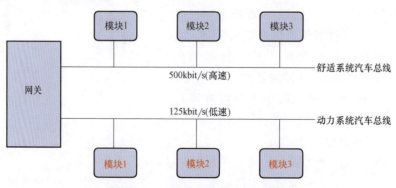

图 2-42　CAN 总线网络拓扑结构图

2. CAN 总线实例分析

（1）小灯的 CAN 总线控制系统　以大众车系为例，打开小灯（打开小灯的信号由前照灯开关发出），车身电网控制单元 J519 接收小灯打开信号并将信号共享至 CAN 总线，其他相关模块接收到来自 CAN 总线的打开小灯的信号后相继打开小灯。

技术背景：大众车系的灯光控制，前部用电器由车身电网控制单元 J519 控制，后部用电器由舒适系统控制单元 J393 控制，这样，前部小灯打开的动作由 J519 控制，后部小灯控制动作由 J393 控制，J519 与 J393 之间由 CAN 总线并行数据连接，如图 2-43 所示。

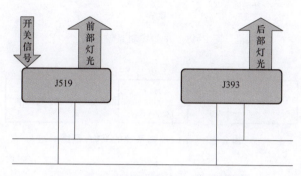

图 2-43　小灯的 CAN 总线控制系统

利用 EVA 原理来分析该控制系统的控制过程，E 是开关信号，V 是该系统的控制单元 J519 和 J393，A 是执行元件（即前部和后部的小灯）。其控制流程为传感器（小灯开关）把信号传给 J519 控制单元，J519 控制单元通过 CAN 总线把信号传给 J393，J519 和 J393 两个控制单元分别控制前、后部的小灯，其 EVA 框图如图 2-44 所示。

（2）中控门锁的 CAN 总线控制系统　下面以大众车型为例对中控门锁控制的车门控制系统进行介绍。当驾驶人离车后，在点火开关钥匙有效范围内按下锁车按钮，点火开关钥匙信号通过无

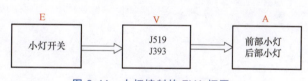

图 2-44　小灯控制的 EVA 框图

线电传送至车辆接收天线，天线将信号发送至舒适系统控制单元 J393，J393 接受锁车（解锁）数据并把锁车数据发送到舒适系统 CAN 总线中，此时车身控制单元 J519 与其他车门控制单元（J386~J389）均收到锁车信号，但锁车（解锁）动作须 J519 授权。J519 处理锁车信号后发送授权锁车信号到 CAN 总线，此时各个车门控制单元作动闭锁器执行锁车（解锁）信号，同时验证锁止状态并发送到 CAN 总线，J519 与 J393 接受锁止完全信号并激活内部准备休眠信息（若锁车后数分钟内无操作，模块自动进入休眠状态）。该控制系统的结构如图 2-45 所示。

用 EVA 原理分析车门控制系统，如图 2-46 所示，在 V 阶段中处理信号时，需要模块之间相互授权才可正常工作。

输入部件：锁车信号通过天线传到 J393。

处理部件：J393 与 J519 之间的相互确认以及锁车的授权。

输出部件：锁车动作。

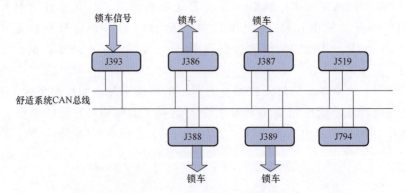

图 2-45　车门控制系统结构

图 2-46　车门控制系统的 EVA 框图

项目 3

液压控制系统的认知与应用

3.1 汽车液压控制系统的基本知识

学习目标

- 掌握汽车液压控制系统的构造及工作原理。
- 了解汽车液压传动系统的特点及发展趋势。

课程引入

在车辆维修过程中，需要将维修车辆车轮举升离地。在用千斤顶举起车辆时，发现千斤顶压力不足（未超负荷），需要进行维修。

1. 汽车液压控制系统的基本原理

液压千斤顶是一个简单而典型的液压传动装置（图3-1），主要用于汽车更换轮胎等的举升工作。液压千斤顶以液压油为工作介质，依靠密闭容积的变化进行运动传递，依靠液体内部压力传递动力。液压传动装置实际上是一种能量转换装置，它首先将机械能转换为便于输送的液压能，然后将液压能转换为机械能而推动负载做

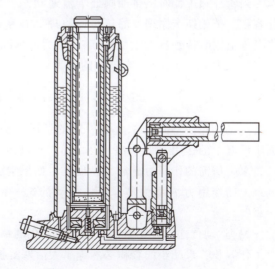

图 3-1 千斤顶

功。手动液压千斤顶主要由小活塞缸、大活塞缸、油箱及它们之间的连通油路构成一个密闭系统,里面充满液压油液。通过阀体控制液压油的流向来改变运动和动力的传递,如图 3-2 所示。

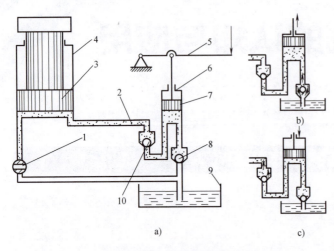

图 3-2　手动液压千斤顶
a) 结构简图　b) 吸油过程　c) 增压过程
1—放油阀　2—油管　3—大活塞　4—缸体　5—杠杆　6—泵体
7—小活塞　8—进油单向阀　9—油箱　10—排油单向阀

(1) 工作过程

1) 吸油过程:当手动杠杆向上摆动时,小活塞向上运动,泵腔内的容积扩大而形成真空,油箱中的油液在大气压力的作用下将进油单向阀推开,进入泵腔内;此时,由于大活塞负载较大,迫使排油单向阀处于关闭状态,如图 3-2b 所示。

2) 增压过程:当手动杠杆向下摆动时,小活塞向下运动,泵腔内的压力增大,油液将进油单向阀关闭,进而推开排油单向阀,油液从泵流入大活塞缸,推动大活塞向上运动,撑起车辆,如图 3-2c 所示。

3) 泄压过程:当车辆需要下降时,给液压装置泄压。将放油螺杆旋转 90°,放油阀打开,在重物作用下大活塞缸内的油液通过放油阀流回油箱,车辆随大活塞下降。

(2) 工作原理

1) 动力传递。大活塞在重力负荷下,其下腔的油液将产生一定的液体压力 p,即

$$p = \frac{G}{A_1} \tag{3-1}$$

当千斤顶工作时,排油阀处于流通状态,大活塞与小活塞之间形成了密封的工作容积,依帕斯卡原理及静压传递原理"在密闭容器内,施加于静止液体上的压强将以等值同时传到各点",在忽略摩擦力的情况下,要顶起重物,泵就必须产生一个等值的压力 p,即小活塞上施加的力为

$$F = pA_2 = \frac{A_2}{A_1}G \tag{3-2}$$

可见,在活塞面积 A_1、A_2 一定的情况下,液体压力 p 取决于举升的重物负载,而小活塞上的作用力 F 取决于压力 p。所以被举升的重物负载越大,液体压力 p 越高,泵上所需的作用力 F 越大;反之,如果空载工作,且不计摩擦力,则液体压力 p 和泵上的作用力 F 都为零。液体传动的这一特征可以简略地表述为"压力取决于负载"。

2) 运动传递。在忽略液压油体积变化的情况下,由于小活塞与大活塞之间为密封工作容积,泵减小的容积必然等于大活塞缸扩大的容积,即

$$A_1 h_1 = A_2 h_2 = Q \tag{3-3}$$

将式 (3-3) 两端同除以活塞移动时间 t，得

$$A_1v_1 = A_2v_2 = q_V \tag{3-4}$$

式中，q_V 表示单位时间内液体流过某截面的体积，即体积流量。

由式 (3-4) 可知，速率和流量是测量流动的两个参数，油缸速度和流量成正比，而和活塞面积成反比。

由于活塞面积 A_1、A_2 已定，所以大活塞的移动速度 v_1 只取决于进入大活塞缸的流量 q_V。这样，进入大活塞缸的流量越多，大活塞的移动速度 v_1 越高。液压传动的这一特征，可以简略地表述为"速度取决于流量"。

3) 能量传递。若不考虑能量损失，泵的输入能量等于大活塞缸的输出能量，即

$$W = Fh_2 = Gh_1 \tag{3-5}$$

将式 (3-5) 两端同除以活塞移动时间 t，得

$$P = Fv_2 = Gv_1 \tag{3-6}$$

进而可得到

$$P = pA_1v_1 = pA_2v_2 = pq_V \tag{3-7}$$

可见，液压传动的功率 P 可以用液体压力 p 和流量 q_V 的乘积来表示。压力 p 和流量 q 是液压传动中最基本、最重要的两个参数。在千斤顶的工作过程，就是将手动机械能转换为液体压力能，再将液体压力能转换为机械能输出的过程。

2. 汽车液压控制系统的基本组成

一个完整的液压控制系统由五个部分组成，即动力元件、执行元件、控制元件、辅助元件和液压油。根据 EVA 原理，其中动力元件为输入元件（E），控制元件为处理元件（V），执行元件为输出元件（A）。

动力元件，如液压泵，是将机械能转换成液体压力能的装置。

执行元件，如液压缸和液压马达，是将液体的压力能转换为机械能的装置，驱动负载作直线往复运动或回转运动。

控制元件，即各种液压阀，在液压系统中控制和调节液体的压力、流量和方向。

辅助元件包括油箱、滤油器、油管及管接头、密封圈、压力表、油位油温计等。

液压油是液压系统中传递能量的工作介质，有各种矿物油、乳化液和合成型液压油等几大类。

3. 液压系统图形符号

在工程实际中，除某些特殊情况外，一般都用简单的图形符号来绘制液压系统原理图。将发动机润滑系统使用 GB/T 786.1—2009 规定的液压图形符号进行绘制，其液压原理图如图 3-3 所示。图中的符号只表示元件的功能，不表示元件的结构和参数。使用这些图形符号可使液压系统图简单明了，便于绘制。

原理图的绘制要符合下述标准：

1) 能量源布置在左下。
2) 各控制元件按照信号流程自下而上

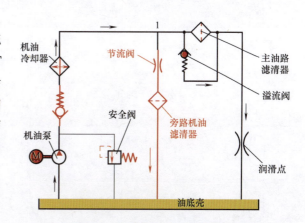

图 3-3 发动机润滑系统液压原理图

布置：能量源→信号输入→信号处理→信号输出→能量转换。

3）传动缸在上方，从左向右工作。

液压元件符号包含有线路编号、元件标记字母和元件序号，如 P 为泵和压缩机，A 为传动装置，M 为传动电动机，V 为阀门，S 为信号接收器，Z 为其他元件，元件符号用框围住。

液压元件基本符号见表 3-1。

表 3-1　液压元件基本符号

符号	名称	注释	符号	名称	注释
基本回路					
	直线	液压管道		线与点连接	管路连接
	长线段虚线	先导控制管路		跨线	不连接
	短线段虚线	泄油管路			
液压回路符号					
	液压箱	聚集液压油		节流阀	节流油流
	液压泵	输送液压油		流量调节阀	保持油流恒定
	限压阀	限制入口压力		分流阀	分配油流
	减压阀	保持出口压力恒定		二位二通换向阀	2 个接头、2 个接通位置
	单向阀	单向截止油流		二位三通换向阀	3 个接头, 2 个接通位置
	单向阀（受到弹簧负载）			三位四通换向阀	4 个接头, 3 个接通位置
	可去联锁单向阀	用先导信号去联锁		单作用缸	单向工作
	节流单向阀	组合阀		双作用缸	双向工作
	转换阀	根据压力比来截止油流		伸缩式活塞	单向工作, 逐步伸出
	滤清器			冷却器	
	不预加压力的液压储能器			压力表	用于压力测量
	要预加压力的液压储能器	预加气动压力			

4. 液压传动的特点

液压传动与其他传动形式相比较，有以下特点：

（1）优点

1）功率密度大：功率密度约为电动机的 8~10 倍。
2）大范围无级调速、方便、速比大：100∶1~2000∶1。
3）易于实现直线往复运动。
4）易于实现自动化和远程控制。
5）布置方便，实现柔性布置。
6）液压元件大部分实现了标准化、系列化，通用性好等。

（2）缺点

1）传动比不准确：液压油的可压缩性和泄漏等。
2）效率低：机械摩擦，液体摩擦，泄漏损失。
3）受环境影响大：油温的变化。
4）为减少泄漏，零件制造精度高，成本高。
5）要求有单独的能源。
6）发生故障后，不易检查和排除。

5. 液压油的选择与识别

液压油是利用液体压力能的液压系统使用的液压介质，在液压系统中起着能量传递、抗磨、系统润滑、防腐、防锈、冷却等作用。对于液压油来说，首先应满足液压装置在工作温度下与起动温度下对液体黏度的要求，由于润滑油的黏度变化直接与液压动作、传递效率和传递精度有关，所以还要求油的黏温性能和剪切安定性应满足不同用途所提出的各种需求。

（1）质量要求　汽车及工程机械等的液压系统使用液压油作为工作介质，这类液压系统中油液的流速不大而压力较高，故称为静压传动。液压油质量的优劣将在很大程度上影响液压系统的工作可靠性和使用寿命。通常对液压油的质量要求有如下几点：

1）液压油应具有适宜的黏度和良好的黏温性能，一般液压系统所用的液压油的黏度范围为 $v=(11.5 \sim 35.3) \times 10^{-6} \mathrm{m}^2/\mathrm{s}$。
2）良好的化学稳定性，即对热、氧化、水解、相容都具有良好的稳定性。
3）对液压装置及相对运动的组件具有良好的润滑性。
4）对金属材料具有缓蚀性和防腐性。
5）比热容大，体积膨胀系数小。
6）抗泡沫性好，抗乳化性好。
7）油液纯，含杂质量少。
8）流动点和凝固点低，闪点和燃点高。

此外，对油液的毒性、价格等根据不同的情况也有所要求。

（2）液压油分类

1）液压油的分类与牌号划分。根据液压油产品的最新标准——ISO 11158：2009《润滑剂、工业用油及相关产品标准——液压油规格 HH、HL、HM、HV、HG》，液压油的各部分含义如下：

```
类——品种   数字
L——HV    22
```

其中，L 为类别（润滑剂及有关产品，GB/T 7631.1—2008）；HV 为品种（低温抗磨）；22 为牌号（黏度级，GB/T 3141）。

液压油的黏度牌号由 GB/T 3141—1994 规定，等效采用 ISO 的黏度分类法，以 40℃ 运动黏度的中心值来划分牌号。

2）液压油的规格、性能及应用。在 GB/T 7631.2—2003 分类中的 HH、HL、HM、HR、HV、HG 液压油均属矿油型液压油，这类油的品种多，使用量约占液压油总量的 85% 以上，汽车与工程机械液压系统常用的液压油也多属这类。

6. 汽车液压系统常用液压油

（1）汽车制动液 制动液是汽车液压制动系统中传递制动压力的液态介质，使用在采用液压制动系统的车辆中。按其原料、工艺和使用要求的不同，制动液可分为醇型、矿油型和合成型，其中合成制动液具有凝点低、沸点高、不易产生气阻、抗腐蚀等优点，被广泛应用于高速、大负荷的汽车上。

由于车辆制动性能好坏直接影响行车安全，因此要求制动液必须安全可靠。

1）应有较高的沸点。现代汽车在行驶中的制动比较频繁，制动鼓（盘）的温度不断升高，如果使用沸点较低的制动液，常会在管路中产生气阻而导致制动失灵，因此制动液的蒸发性要低，不易在高温下汽化。

2）适宜的高温黏度和良好的低温流动性。制动液在各种条件下都能及时传递压力，并同时使传动机构中的运动件得到一定的润滑。

3）具有抗氧化、抗腐蚀和防锈的性能。制动液长期与金属相接触应不会因氧化而产生胶状物和腐蚀性物质，或因锈蚀而变色，甚至形成坑点。

4）吸湿性低、溶水性好、沸点下降少。即使有水分进入制动液，要求能形成微粒而和制动液均匀混合，不产生分离和沉淀现象。

5）对橡胶的适应性好。制动液对橡胶件不应有溶胀作用，否则会使其失去应有的密封作用，因此制动液对橡胶件要有良好的适应性。

6）良好的化学安定性。制动液长期在高湿工况下使用，因此要求制动液不产生热分解和重合，而使油品增黏，也不允许生成油泥沉积物。同时要求互溶性好，当与另一种制动液混合时，不能产生分层或沉淀，影响使用。

国外制动液的规格标准。常用的进口制动液有 DOT3、DOT4 两种。DOT 是美国汽车安全标准规定标称，其数字越大，级别越高。DOT3 与 DOT4 的不同之处主要在于沸点不同，DOT4 比 DOT3 更耐高温。制动液的性能指标见表 3-2。

表 3-2 制动液性能指标

	工作情况	DOT3	DOT4
沸点（平衡环流沸点）	干	205℃以上	230℃以上
	湿	140℃以上	155℃以上

DOT3 和 DOT4 级制动液是非矿物油系，是以聚二醇为基础和乙二醇及乙二醇衍生物为主的醇醚型合成制动液，再加入润滑剂、稀释剂、防锈剂、橡胶抑制剂等调合而成，也是各国汽车使用最普遍的一种制动液。

这种常用的制动液吸湿性较强。制动系统虽然进不了水分，但制动液使用一段时间以后会吸收很多的水分。制动液中水分越多，沸点越低。为了保证行车安全，制动液应定期更换（一般2年需更换一次）。由于制动液会吸收水分，所以放置较长时间已开封的制动液不要再用。

（2）自动变速器油　目前汽车上常见的自动变速器都是基于液压传动原理的，它们的正常工作都依赖于自动变速器油（Automatic Transmission Fluid，ATF）。ATF在自动变速器中有多重任务，首先，它是液压介质，液压系统能够工作全依赖于它；其次，它是自动变速器中重要的润滑剂，负责润滑变速器中大量的齿轮阀门和其他所有运动部件；再次，它还要带走变速器中产生的热量，起到冷却的作用。ATF是一种相当复杂的特殊化工产品，它的基体由石油提炼而成（现在也出现了全合成的ATF），再加上各种不同功能的添加剂，比如防锈剂、防泡沫剂、清洁剂、抗磨损剂、抗氧化剂、黏稠度调节剂等，此外，还要人为地添加染色剂，以使其明显区别于车上使用的其他液体，避免混淆。ATF通常都是染成红色。

因为设计生产自动变速器的厂家很多，所以它们所使用的ATF的种类也很多，同一类标准的ATF有不同的种类和级别。最常见的ATF是DEXRON和MERCON，它们分为很多级别和种类，例如Ⅱ、Ⅲ、Ⅳ等，这两类ATF被很多不同的厂商使用。此外，还有很多厂商使用其他特殊类型的ATF。现在市场上出现了一些ATF，声称可以用于替代所有牌号的ATF，一般不建议使用这种来替换特殊型号的ATF，最好还是采用厂家规定的型号的，以免影响变速器的性能和寿命。

3.2　液压动力元件的识别与选用

学习目标

- 熟悉自动变速器油泵的作用和工作原理。
- 掌握液压泵的分类和图形符号。
- 了解液压动力元件的选择方法。

课程引入

一辆悦动2011款1.6LAT轿车，起动后行驶很短的距离就自动停下来，无法行驶。经检查，液压油、操纵机构及过滤器均正常，怀疑是液压系统的油泵损坏，需要检修。

1. 液压泵的工作原理

自动变速器油泵安装在液力变矩器的后方，由液力变矩器后端的轴套驱动。

自动变速器油泵的作用是为液力变矩器和液压操纵系统提供一定压力和流量的液压油，并保证行星齿轮机构等各摩擦副的润滑需要。

油泵的工作原理：只要发动机运转，无论汽车是否行驶，油泵都在运转，为自动变速器中的变矩器、换档执行机构、液压控制阀等部分提供所需要的一定压力的液压油，以保证它们的正常工作。油泵工作中，油泵的主动齿轮带动从动齿轮转动，在齿轮脱离啮合（吸油腔）的一端容积不断变大，产生吸力，把液压油从油盘经滤油网吸进油泵。在齿轮进入啮合（出油腔）的一端容积不断减少，油压升高，油液被压出油泵。

2. 液压泵的分类及应用

液压泵有很多种，按结构形式分常用的有齿轮泵、叶片泵、柱塞泵等。按泵的排量是否可变分有定量泵和变量泵。汽车上常用的液压泵有外啮合齿轮泵、内啮合齿轮泵、摆线转子泵和叶片泵。液压泵的图形符号如图 3-4 所示。

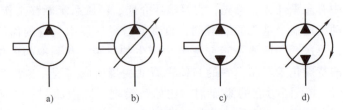

图 3-4　液压泵的图形符号

a) 单向定量液压泵　b) 单向变量液压泵　c) 双向定量液压泵　d) 双向变量液压泵

（1）齿轮泵　齿轮泵是一种常用的液压泵，它的主要优点是结构简单、制造方便、价格低廉、体积小、重量轻、自吸性能好、对油液污染不敏感、工作可靠等。其缺点是流量脉动大、噪声大、排量不可调。齿轮泵被广泛地应用于采矿设备、冶金设备、建筑机械、工程机械、农林机械等。

齿轮泵按照其啮合形式的不同，有外啮合齿轮泵和内啮合齿轮泵两种，其中外啮合齿轮泵应用广泛，本节主要介绍外啮合齿轮泵的工作原理和结构特点。

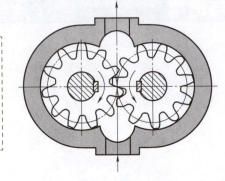

图 3-5　外啮合齿轮泵

外啮合齿轮泵的工作原理如图 3-5 所示，泵主要由主动齿轮、从动齿轮、驱动轴、泵体和端盖（图中未示出）等组成。泵体内相互啮合的主动齿轮、从动齿轮、齿轮两端端盖和泵体一起构成密封容积。同时，齿轮的啮合点将上、下两腔隔开，形成吸、压油腔。当齿轮按图示方向旋转时，下面吸油腔内的齿轮脱离啮合，密封工作容积不断增大，形成部分真空，油液在大气压的作用下从油箱经吸油管进入吸油腔，并被旋转的齿轮带入上面的压油腔。

上面压油腔的齿轮不断进入啮合，使密封工作容积减小，油液受到挤压被排往系统，这就是齿轮泵的吸油和排油过程。在齿轮泵的啮合过程中，啮合点沿啮合线把吸油区和排油区自然分开。

（2）叶片泵　叶片泵在机床、工程机械、船舶、压铸及冶金设备中应用十分广泛。叶片泵具有流量均匀、运转平稳、噪声低、体积小、重量轻等优点。其优点是对油液污染较敏感，转速不能太高。

按照工作原理，叶片泵可分为单作用叶片泵和双作用叶片泵两类。双作用叶片泵与单作用叶片泵相比，其流量均匀性好，所受的径向力基本平衡，应用广泛。双作用叶片泵常做成定量泵，而单作用叶片泵可以做出多种变量形式。

(3) 柱塞泵　柱塞泵是依靠柱塞在缸体内往复运动,是密封的工作腔容积产生变化来实现吸油、压油的。由于柱塞和缸体内孔均为圆柱表面,因此加工方便、配合精度高,密封性能好。同时,柱塞泵主要零件处于受压状态,使材料强调性能得到充分利用,故柱塞泵常做出高压泵。此外,只要改变柱塞的工作行程就能改变泵的排量,易于实现单向或双向变量。所以柱塞泵具有压力高、结构紧凑、效率高及流量调节方便等优点。其缺点是结构较为复杂,有些零件对材料及加工工艺的要求较高,因而在各类容积式泵中,柱塞泵的价格最高。柱塞泵常用于需要高压大流量和流量需要调节的液压系统。

柱塞泵按柱塞排列方向的不同,分为轴向柱塞泵和径向柱塞泵。轴向柱塞泵按其结构特点又分为斜盘式和斜轴式两类。

3.3　液压控制元件的识别与选用

学习目标

- 能够正确分析减振器的工作原理及组成。
- 能识别常用液压控制阀,能正确选用液压控制阀。
- 了解液压控制元件的分类及特点。
- 掌握液压控制阀的图形符号及工作原理。

课程引入

当车辆在崎岖道路上行驶时,乘员并不会感觉太颠簸,这是因为汽车悬架系统上一般都装有减振器,其减振功能是如何实现的?

1. 减振器的工作原理

液力减振器的工作原理是:当车架与车桥作往复相对运动时,减振器中的活塞在缸筒内也作往复运动,减振器壳体内的油液便反复地从一个内腔通过一些窄小的孔隙流入另一个内腔。孔壁与油液间的摩擦及液体分子内的摩擦便形成对振动的阻尼力,使车身和车架的振动能量转化为热能,被油液和减振器壳体吸收后散到大气中。

减振器一般采用单筒减振器和双筒减振器,目前国内的汽车绝大部分均采用四阀两孔的双筒减振器,如图3-6示。四阀即流通阀、复原阀、补偿阀、压缩阀;两孔即复原节流孔、压缩节流孔。

(1) 压缩过程(车桥和车架相互靠近)　正常工作的减振器工作缸内空隙均被减振油填满。如图3-7所示,压缩时,活塞杆逐渐伸入工作缸内,活塞向底阀运动,A腔容积增大、B腔容积减少,B腔中的部分油液被迫排出。由于此时补偿阀已关闭(在油压及回位弹簧作用下),而底阀节流片的缝隙较小,油液不易从底阀排出;当油液压力大到一定程度时,压缩阀才开启,压力越大,开口越大。相反,流通阀很容易开启,故B腔油液通过流通阀大量流入A腔,将A腔充满。但是,由于活塞杆

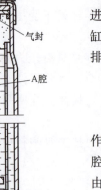

减振器

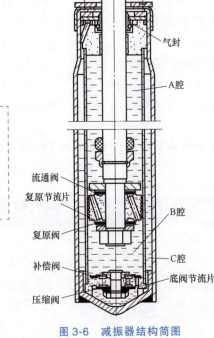

图 3-6 减振器结构简图

的伸入使其在工作缸中占有的体积增加,使 B 腔排出的油量多于流入 A 腔的油量,无法进入 A 腔的其余油液(其体积等于进入工作缸的活塞杆的体积)只能从 B 腔中通过底阀排出到贮油缸 C 腔中。

(2)伸张过程(车桥和车架相互远离)与压缩行程工作正好相反。

如图 3-8 所示伸张时,活塞杆逐渐伸出工作缸外,活塞远离底阀,A 腔容积增减小、B 腔容积减增大,A 腔中的部分油液被迫排出。由于此时压缩阀已关闭(在油压及回位弹簧作用下),而底阀节流片的缝隙较小,油液不易从底阀排出;当油液压力大到一定程度时,补偿阀才开启,压力越大,开口越大。相反,伸张阀很容易开启,故 A 腔油液通过伸张阀大量流入 B 腔。但是,由于活塞杆的伸入使其在工作缸中占有的体积增加,使 B 腔增加的容积大于流入 B 腔的油量,只能从贮油缸 C 腔中通过底阀补偿到 B 腔。

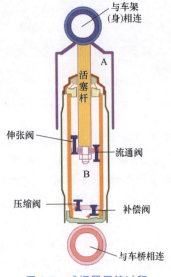

图 3-7 减振器压缩过程

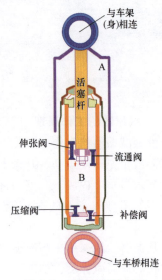

图 3-8 减振器伸张过程

2. 控制元件的分类

液压控制系统通过液压控制元件(液压控制阀)来控制调节执行元件的运动方向、运动速度和工作压力,分别有方向控制阀、流量控制阀和压力控制阀。

(1)方向控制阀 方向控制阀是用于控制液压系统中油路的接通、切断或改变液流方向的液压阀,主要有单向阀和换向阀两类。

1)单向阀。单向阀(图 3-9)正向流动阻力损失小,反向时密封性能好,动作灵敏。单向阀主要分为普通单向阀和液控单向阀。

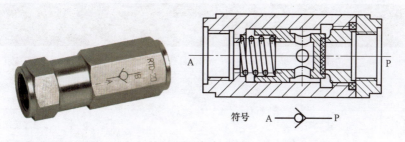

图 3-9 单向阀

普通单向阀

三位四通换向阀

液控单向阀是一种加液压控制信号后可反向流动的单向阀。在高压系统中采用带卸荷阀芯的液控单向阀。

2) 换向阀。换向阀控制液压油或压缩空气的流动的开始和结束以及流向。换向阀的种类见表 3-3。

表 3-3 换向阀的种类

名称	结构原理图	图形符号	名称	结构原理图	图形符号
二位二通阀			二位五通阀		
二位三通阀			三位四通阀		
二位四通阀			三位五通阀		

表 3-3 中，P 为进油口，T 为回油口，A、B 为工作油口。阀芯处在阀体中间位置时称为中位，阀芯从中位右移至右端位置时称为左位，反之为右位。工作位数是指阀芯相对于阀体的工作位置的数目，通路数是指与系统主油路相连通的阀体上油口的数目。

① 位数：图形符号中的方格数，有几个方格就表示有几个工作位置。

② 通数：箭头表示两油口连通，但不表示流向。堵塞符号表示油口被阀芯封堵不流通。每个方格内，箭头两端或堵塞符号与方格的交点数为油口的通路数。所以几个交点就表示几通阀，几通阀就表示有几根主油管与阀相接。

③ 常态位：三位阀的中间一格及二位阀侧面画有弹簧的那一方格为常态位，也就是阀芯的原始状态下的通路状况。

换向阀的操纵方式见表 3-4。

表3-4 换向阀的操纵方式

换向阀		控制方式			
符号	名称	机械控制		电气控制	
⊥┰┠	二位二通换向阀	⊐[	用推杆或按键	⊐[	用电磁铁
┰┰┠	二位二通换向阀	⋙[	用弹簧		气动控制
⊥⊥┠	二位三通换向阀	⊶[	用旋轮	--▷-[	通过施加压力
⊥⊥┠	二位三通换向阀	⊸[	用旋轮,单向	--◁-[	通过减压
⋈⋈	二位四通换向阀		手工操作		液压控制
⋈⋈⋈	三位四通换向阀	⊣[	一般机械方法	--◁-[	
⋈⋈	二位五通换向阀	⊶[	用按钮		
		Ⱶ	用杠杆		
		Ⱶ	用踏板		

（2）压力控制阀 压力控制阀指通过控制油液压力高低或利用压力变化来实现某种动作的阀。

1）溢流阀。通过对油液的溢流，使液压系统的压力维持恒定，从而实现系统的稳定。根据结构的不同，液压系统中常用的溢流阀有直动式溢流阀（图3-10）和先导式溢流阀（图3-11）两种。

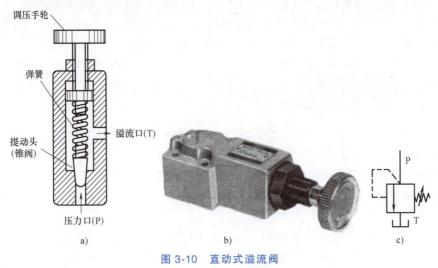

图3-10 直动式溢流阀
a）结构 b）外形 c）图形符号

直动式溢流阀：当进油压力较小时，阀芯在弹簧作用下处于下端位置，将P和T两油口隔开。当油液压力升高，在阀芯下端产生的作用力超过弹簧的预紧力时，阀芯上升，阀口被打开，将多余油液排回油箱（溢流），阀芯停止在某一平衡位置上。

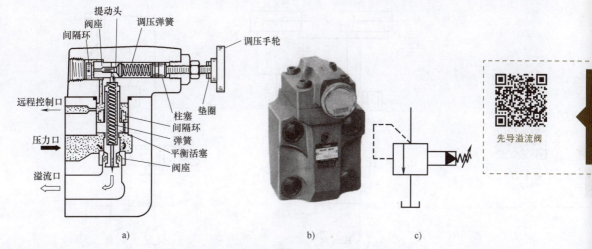

图 3-11 先导式溢流阀
a) 结构 b) 外形 c) 图形符号

溢流阀具有较好的稳压作用，阀芯上的阻尼孔的作用是增加液阻，减小阀芯动作过程引起的振动，提高阀工作的稳定性。阀芯上腔设有内泄油口，与回油口接通，保证上腔不产生油压。

2) 减压阀（图 3-12）。使出口压力降低且恒定的减压阀称为定压（定值）减压阀；使进口压力与出口压力之差恒定的减压阀称为定差减压阀；使进口压力与出口压力之比恒定的减压阀称为定比减压阀。最常用的减压阀是定压减压阀，它有直动式和先导式两种，先导式性能较好，应用较多。

3) 顺序阀。顺序阀是使用在一个液压泵供给两个以上液压缸且以一定顺序动作的场合的一种压力阀。顺序阀从结构上可分为直动式和先导式两种，目前较常用的为直动式，如图 3-13 所示。

图 3-12 减压阀
1—液压泵 2—溢流阀
3—减压阀 4—单向阀
5—换向阀

图 3-13a 所示为夹具上实现定位和夹紧的液压控制回路，其前进的动作顺序是先定位后夹紧，后退时同时退后。如图 3-13b 所示，在换向阀处在中位时，无论活塞上重量如何增大，也能在任意位置停留并被锁住。

4) 压力继电器。压力继电器是一种将液压系统的压力信号转换为电信号输出的元件。任何压力继电器都由压力-位移转换装置和未动开关两部分组成，如图 3-14 所示。压力继电器按结构特点可分为柱塞式、弹簧式、膜片式和波纹管式四类，其中柱塞式最常用。

图 3-14a 所示为单触点柱塞式压力继电器，图 3-14b 为压力继电器图形符号。

当系统压力达到设定值时，压力继电器通过压力继电器内的未动开关发出电信号来控制电气电路，可实现泵的加载或卸荷、执行元件的顺序控制、安全保护盒元件动作连锁等功能。

如图 3-14c 所示，压力继电器使执行元件顺序动作，1YA、2YA 通电，缸左腔进

顺序运动回路

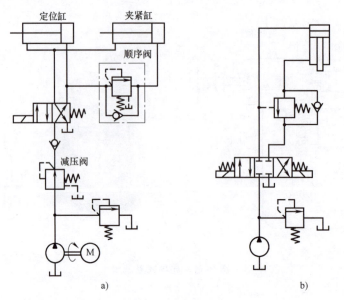

图 3-13 顺序阀

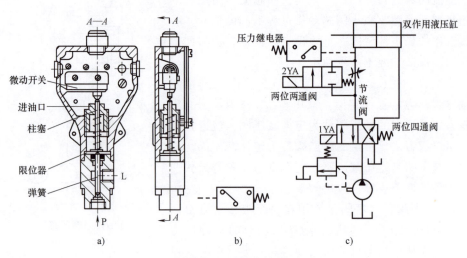

图 3-14 压力继电器

a）结构 　b）图形符号 　c）液压回路

油、活塞右移实现快进；2YA 断电，液压缸工进；工进至终点，油压升高达到压力继电器调定值，发出信号时 1YA 断电，2YA 通电，缸油腔进油，活塞左移实现快退。

（3）流量控制阀 用于控制液压系统流量的液压阀。它通过改变阀口过流断面面积来调节输出流量，从而控制执行元件运动速度。常用的流量阀有节流阀、调速阀等。

1）节流口的流量特性及节流口形式。节流口通常有 3 种基本形式：薄壁孔、短孔和细长孔。为保证流量稳定，节流口的形式以薄壁小孔较为理想。节流口形式如图 3-15 所示。

图 3-15a 为针式节流口，结构简单、易堵塞、流量受油温的影响大。

图 3-15b 为偏心槽式节流口，转动阀芯便可调节流量，结构简单、制造容易，但

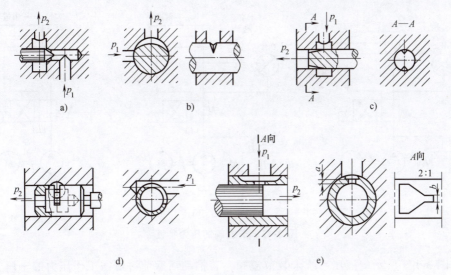

图 3-15 节流口形式

转动阀芯较费力。

图 3-15c 为轴向三角沟槽式节流口，阀芯轴向移动时便可调节流量，结构简单、工艺性好、目前被广泛应用。

图 3-15d 为周向缝隙式节流口，阀芯为空心薄壁型，转动阀芯便可以改变狭槽的过流断面面积大小，适用于对小流量性能要求较高的场合。

图 3-15e 为轴向缝隙式节流口，阀芯与阀体间有一个衬套，阀芯轴向移动时能改变过流断面面积的大小。

2）节流阀。节流阀是根据节流口流量特性原理制作的，改变节流口的节流面积的大小来改变流量大小以达到调速的目的。如图 3-16 所示。节流阀的压力特性如图 3-17 所示。

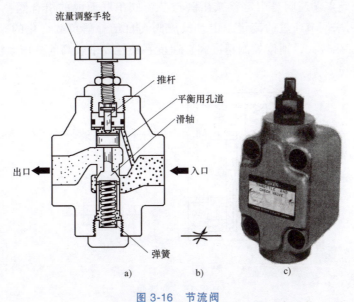

节流阀出口节流调速回路

图 3-16 节流阀

a）结构 b）图形符号 c）外形

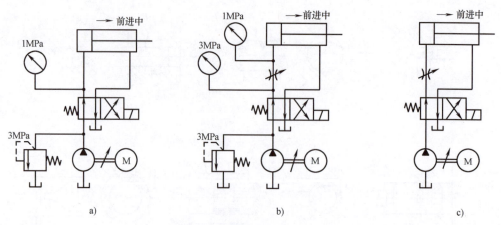

图 3-17 节流阀的压力特性

图 3-17a 所示的液压系统未装节流阀，若推动活塞前进所需工作压力等于压力表压力。

图 3-17b 所示液压系统中节流阀与溢流阀并联与液压泵连接，通过调节节流阀的液阻来改变进入液压缸的流量，从而调节液压缸的运动速度，多余的油液经溢流阀流回油箱。

节流阀入口压力会上升到溢流阀所调定的压力，溢流阀被打开，一部分油液经溢流阀流入油箱构成恒压油源，使泵出口压力恒定。液压泵输出流量不变，为流经节流阀进入液压缸的流量和经溢流阀的流量之和。

图 3-17c 所示液压系统中节流阀起不到调节流量的作用。改变节流阀节流口大小，只能改变液流流经节流阀的压力降。

综上所述，节流元件用来调节流量是有条件的，即要求有与之并联的溢流阀或恒压变量泵，通过这一环节来补偿节流元件的流量变化。

3）调速阀。调速阀是由定差减压阀与节流阀串联而成的组合阀，如图 3-18 所示。节流阀用来调节通过的流量，定差减压阀则自动补偿负载变化的影响。调速阀适用于负载变化较大，速度控制精度高，速度平稳性要求较高的液压系统。

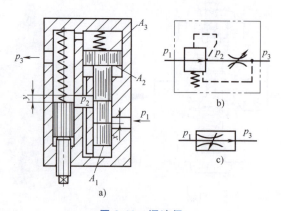

图 3-18 调速阀

a) 结构　b) 职能符号　c) 简化职能符号

3.4 液压执行元件的识别与选用

学习目标

- 了解液压元件在汽车工程中的应用。
- 掌握液压动力元件特点及性能参数。
- 了解液压动力元件的选择方法。

课程引入

有一辆悦动（2010 款 1.6L）汽车，在使用过程中，从一个档位换到另一个档位时，操作十分困难或者连续换几次才能成功。经检查发现离合器液压缸有油迹，试分析其原因。

1. 液压缸的工作原理及分类

液压缸是将液压泵输出的压力能转换为机械能的执行元件，它主要是用来输出直线运动（也包括摆动运动）。

液压缸按其结构形式可以分为活塞缸、柱塞缸和摆动缸 3 类。活塞缸和柱塞缸实现往复运动，输出推力和速度，摆动缸则能实现小于 360° 的往复摆动，输出转矩和角速度。液压缸除单个使用外，还可以和其他机构组合起来完成特殊的功用。

（1）活塞式液压缸　活塞式液压缸分为双杆式和单杆式两种。

1）单杆式活塞缸。如图 3-19 所示，活塞只有一端带活塞杆。它根据安装方式不同，可以分为缸筒固定式和活塞杆固定式两种。它们的工作台移动范围都是活塞有效行程的两倍。

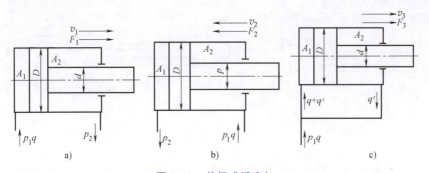

图 3-19　单杆式活塞缸

a）无杆腔进油　b）有杆腔进油　c）差动连接

单杆活塞缸活塞两端有效面积不等。如果以相同流量的液压油分别进入液压缸的左、右腔，活塞移动的速度与进油腔的有效面积成反比，即油液进入无杆腔时有效面积大而速度慢，进入有杆腔时有效面积小而速度快；因此活塞上产生的推力与进油腔的有效面积成正比。

2）双杆式活塞缸。双杆式活塞缸的活塞两端都有一根直径相等的活塞杆伸出，也有缸体固定和活塞杆固定两种形式，如图 3-20 所示。

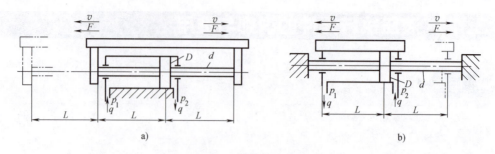

图 3-20 双杆式活塞缸
a) 缸筒固定　b) 活塞杆固定

图 3-20a 所示为缸筒固定式的双杆活塞缸。它的进、出油口布置在缸筒两端,活塞通过活塞杆带动工作台移动,工作台的运动范围为活塞的 3 倍,所以占地面积大,一般适用于小型机床。当工作台行程要求较长时,可采用图 3-20b 所示的活塞杆固定的形式,这时缸体与工作台相连,活塞杆通过支架固定的机床上,动力由缸体传出。这种安装形式中,工作台的移动范围只等于液压缸有效行程的两倍,因此占地面积小。

由于双杆活塞缸两端的活塞杆直径通常是相等的,因此其左、右两腔的有效面积也相等。当分别向左、右腔输入相同压力和相同流量的油液时,液压缸左、右两个方向的推力和速度相等。

（2）柱塞缸　单柱塞缸只能实现一个方向运动,反向要靠外力,如图 3-21a 所示。用两个柱塞缸组合,如图 3-21b 所示,也能用液压油实现往复运动。柱塞缸运动时,由缸盖上的导向套来导向,因此缸筒内壁不需要精加工。它特别适用于行程较长的场合。另外,柱塞缸可分为径向柱塞缸和轴向柱塞缸两种。

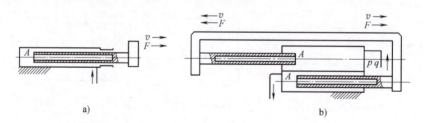

图 3-21 柱塞缸

（3）液压缸符号　液压缸符号见表 3-5。

表 3-5 液压缸符号

分类	名称	符号	说明
单作用液压缸	柱塞式液压缸		柱塞仅单向运动,返回行程利用自重或负荷将柱塞推回
	单活塞杆液压缸		活塞仅单向运动,返回行程利用自重或负荷将活塞推回
	双活塞杆液压缸		活塞的两侧都装有活塞杆,只能向活塞一侧供给液压油,返回行程通常利用弹簧力、重力或外力

（续）

分类	名称	符号	说 明
单作用液压缸	伸缩液压缸		它以短缸获得长行程。用液压油由大到小逐节推出，靠外力由小到大逐节缩回
双作用液压缸	单活塞杆液压缸		单边有杆，两向液压驱动，两向推力和速度不等
	双活塞杆液压缸		双向有杆，双向液压驱动，可实现等速往复运动
	伸缩液压缸		双向液压驱动，由大到小逐步伸出，由小到大逐节缩回
组合液压缸	弹簧复位液压缸		单向液压驱动，由弹簧力复位
	串联液压缸		用于缸的直径受限制而长度不受限制处，可获得大的推力
	增压缸（增压器）		由低压力室 A 缸驱动，使 B 室获得高压油源
	齿条传动液压缸		活塞往复运动经装在一起的齿条驱动齿轮获得往复回转运动
摆动液压缸			输出轴直接输出转矩，其往复回转的角度小于360°，也称摆动马达

2. 液压马达工作原理及分类

（1）液压马达概述　液压马达是把液体的压力能转换为机械能的装置，从原理上讲，液压泵可以作液压马达用，液压马达也可作液压泵用。事实上同类型的液压泵和液压马达虽然在结构上相似，但由于两者的工作情况不同，使得两者在结构上也有某些差异，例如：

1）液压马达一般需要正、反转，所以在内部结构上应具有对称性；液压泵一般是单方向旋转的，没有这一要求。

2）为了减小吸油阻力，减小径向力，一般液压泵的吸油口比出油口的尺寸大；液压马达低压腔的压力稍高于大气压力，所以没有上述要求。

3）液压马达要求能在很宽的转速范围内正常工作，因此，应采用液动轴承或静压轴承。因为当液压马达速度很低时，若采用动压轴承，就不易形成润滑滑膜。

4）叶片泵依靠叶片跟转子一起高速旋转而产生的离心力使叶片始终贴紧定子的内表面，起封油作用，形成工作容积。若将其当液压马达用，必须在液压马达的叶片根部装上弹簧，以保证叶片始终贴紧定子内表面，以便液压马达能正常起动。

5）液压泵在结构上需保证具有自吸能力，而液压马达没有这一要求。

6）液压马达必须具有较大的起动转矩。所谓起动转矩，就是液压马达由静止状态起动时，液压马达轴上所能输出的转矩，该转矩通常大于在同一工作压差时处于运行状态下的转矩。所以，为了使起动转矩尽可能接近工作状态下的转矩，要求液压马达转矩的脉动小，内部摩擦小。

由于液压马达与液压泵具有上述不同的特点,使得很多类型的液压马达和液压泵不能互逆使用。

液压马达按其额定转速分为高速和低速两大类,额定转速高于500r/min的属于高速液压马达,额定转速低于500r/min的属于低速液压马达。

液压马达也可按其结构类型来分,可以分为齿轮式、叶片式、柱塞式和其他形式。

(2) 液压马达的工作原理 常用的液压马达的结构与同类型的液压泵很相似,下面介绍叶片式液压马达、轴向柱塞式液压马达和摆动式液压马达的工作原理。

1) 叶片式液压马达。图3-22所示为叶片式液压马达的工作原理。

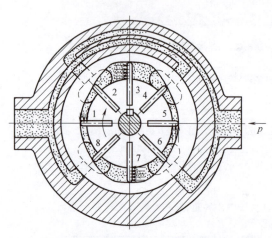

图3-22 叶片式液压马达的工作原理

当压力为 p 的油液从进油口进入叶片1和3之间时,叶片2因两面均受液压油的作用所以不产生转矩。叶片1、3上,一面作用有高压力油,另一面为低压力油。由于叶片3伸出的面积大于叶片1伸出的面积,因此作用于叶片3上的总液压力大于作用于叶片1上的总液压力,于是压力差使转子产生顺时针的转矩。同样道理,液压油进入叶片5和7之间时,叶片7伸出的面积大于叶片5伸出的面积,也产生顺时针转矩。这样,就把油液的压力能变成了机械能,这就是叶片式液压马达的工作原理。当输油方向改变时,液压马达就反转。

2) 轴向柱塞式液压马达。轴向柱塞式液压马达的结构形式基本上与轴向柱塞泵一样,故其种类与轴向柱塞泵相同,也分为直轴式轴向柱塞液压马达和斜轴式轴向柱塞液压马达两类。

轴向柱塞液压马达的工作原理如图3-23所示。

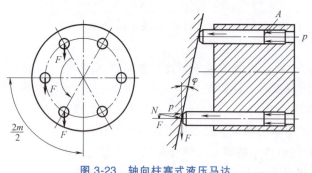

图3-23 轴向柱塞式液压马达

当液压油进入液压马达的高压腔之后,工作柱塞受到油压作用力为 pA (p 为油压力,A 为柱塞面积),通过滑靴压向斜盘,其反作用为 N。N 力分解成两个分力,沿柱塞轴向分力 p,与柱塞所受液压力平衡;另一分力 F,与柱塞轴线垂直向上,它与缸体中心线的距离为 r,这个力便产生驱动液压马达旋转的力矩。

轴向柱塞式液压马达产生的瞬时总转矩是脉动的。若改变液压马达液压油输入方向,则液压马达轴按顺时针方向旋转。斜盘倾角 φ 的改变,即排量的变化,不仅影响液压马达的转矩,而且影响它的转速和转向。斜盘倾角越大,产生转矩越大,转速越低。

3) 摆动式液压马达 摆动式液压马达的工作原理如图3-24所示,图3-24a是单叶片式摆动液压马达。若从油口Ⅰ通入高压油,叶片作逆时针摆动,低压力从油口

Ⅱ排出。因叶片与输出轴连在一起,帮输出轴摆动同时输出转矩、克服负载。

此类摆动式液压马达的工作压力小于 10MPa,摆动角度小于 280°。由于径向力不平衡,叶片和壳体、叶片和挡块之间密封困难,限制了其工作压力的进一步提高,从而限制了输出转矩的进一步提高。

图 3-24b 是双叶片式摆动式液压马达。在径向尺寸和工作压力相同的条件下,输出转矩是单叶片式摆动液压马达的 2 倍,但回转角度要相应减少,双叶片式摆动液压马达的回转角度一般小于 120°。

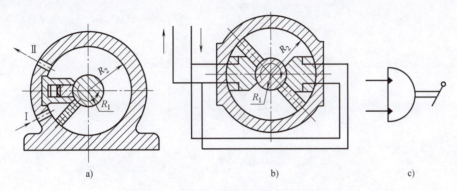

图 3-24 摆动式液压马达的工作原理图
a) 单叶片式摆动马达 b) 双叶片式摆动马达 c) 图形符号

4) 齿轮式液压马达。齿轮式液压马达在结构上为了适应正、反转要求,进、出油口相等,具有对称性,有单独外泄油口将轴承部分的泄漏油引出壳体外;为了减少起动摩擦力矩,采用滚动轴承;为了减少转矩脉动,齿轮式液压马达的齿数比泵的齿数要多。

齿轮式液压马达由于密封性差,容积效率较低,输入油压力不能过高,不能产生较大转矩。并且瞬间转速和转矩随着啮合点的位置变化而变化,因此齿轮式液压马达仅适合于高速小转矩的场合,一般用于工程机械、农业机械以及对转矩均匀性要求不高的机械设备上。

(3) 液压马达符号 液压马达符号见表 3-6。

表 3-6 液压马达符号

名 称	符 号	说 明
液压马达		一般符号
单向定量液压马达		单向流动,单向旋转

(续)

名　称	符　号	说　明
双向定量液压马达		双向旋转,双向流动,定排量
单向变量液压马达		单向旋转,单向流动,变排量
双向变量液压马达		双向流动,双向旋转,变排量
摆动马达		双向摆动,定角度

3.5　液压辅助元件的识别与选用

学习目标

- 了解汽车液压传动系统中辅助元件的重要性及应用。
- 掌握汽车液压传动系统中辅助元件的特点及性能参数。
- 掌握汽车液压控制系统中辅助元件的种类及选择方法。

课程引入

在正常的液压系统中，必须有一定的辅助装置，如密封装置、过滤器、油箱、储能器等，这些辅助装置对系统的工作性能有直接影响，甚至能导致系统不能正常工作，因此必须给予足够的重视。

1. 密封装置

密封装置的作用是使相邻两个耦合表面间的间隙控制在需要密封的液体能通过的最小间隙以下。为能可靠地保证密封，密封装置要有良好的密封性；运动密封处摩擦阻力要小；密封件要有良好的耐磨性和足够的使用寿命；密封件和液压油有良好的相容性；结构简单，工艺性好。

常见橡胶密封圈有 O 形密封圈、Y 形密封圈、V 形密封圈。如图 3-25 所示。

2. 过滤器

(1) 过滤器的分类　按滤芯的材料和结构形式，过滤器可分为网式、线隙式、纸质滤芯式、烧结式过滤器及磁性过滤器等，见表3-7；按过滤器安放的位置不同，可以分为吸滤器、压滤器和回油过滤器。考虑到泵的自吸性能，吸油滤油器多为粗滤器。

1）网式过滤器。网式过滤器的滤芯以铜网为过滤材料，在周围开有很多孔的塑料或金属筒形骨架上包着一层或两层铜丝网，其过滤精度取决于铜网层数和网孔的大小。这种过滤器结构简单，通流能力大，清洗方便，但过滤精度低，一般用于液压泵的吸油口。

2）线隙式过滤器。线隙式过滤器是用钢线或铝线密绕在筒形骨架的外部来组成滤芯的，依靠铜丝间的微小间隙滤除混入液体中的杂质。其结构简单，通流能力大，过滤精度比网式过滤器高，但不易清洗，多为回油过滤器。

3）纸质滤芯式过滤器。其滤芯为平纹或波纹的酚醛树脂或木浆微孔滤纸制成的纸芯，将纸芯围绕在带孔的镀锡铁做成的骨架上，以增大强度。为增加过滤面积，纸芯一般做成折叠形。其过滤精度较高，一般用于油液的精过滤，但堵塞后无法清洗，须经常更换滤芯。

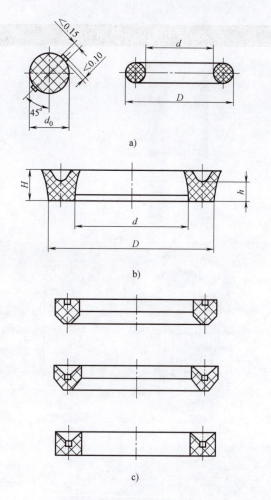

图 3-25 常见橡胶密封圈

a）O形密封圈 b）Y形密封圈 c）V形密封圈

表 3-7 过滤器的分类

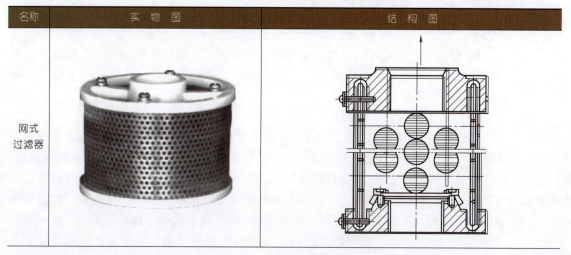

名称	实物图	结构图
网式过滤器		

(续)

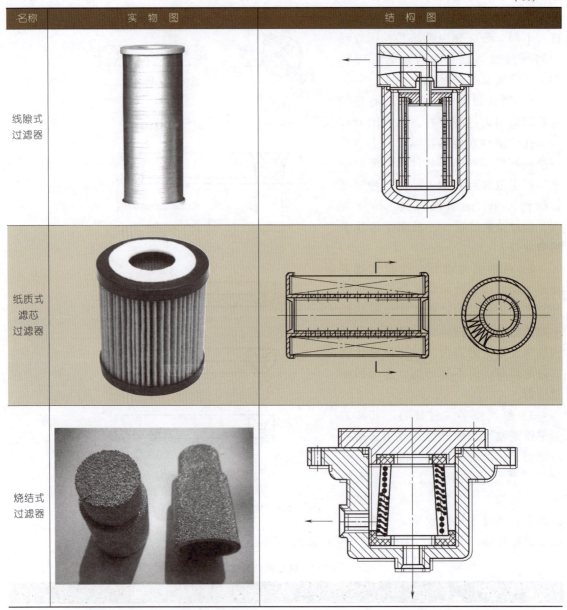

4)烧结式过滤器。其滤芯用金属粉末烧结而成,利用颗粒间的微孔阻止油液中的杂质通过。其滤芯能承受高压,抗腐蚀性好,过滤精度高,适用于要求精滤的高温、高压液压系统。

(2)过滤器的安装要求

1)泵入口的吸油粗滤器。用来保护泵,使其不致吸入较大的机械杂质,根据泵的要求,可用粗的或普通精度的过滤器。为了不影响泵的吸油性能,防止发生气穴现象,过滤器的过滤能力应为泵流量的两倍以上,压力损失不得超过 0.01~0.035MPa。

2)泵出口油路上的高压过滤器。这种安装主要用来滤除进入液压系统的污染杂质,一般采用过滤精度 10~15μm 的过滤器。它应能承受油路上的工作压力和冲击压力,其压力降应小于 0.35MPa,并应有安全阀或堵塞状态发讯装置,以防泵过载和滤芯损坏。

3) 系统回油路上的低压过滤器。可滤去流入油箱以前的油液中的污染物，为液压泵提供清洁的油液。因回油路压力很低，可采用滤芯强度不高的精滤油器，并允许过滤器有较大的压力降。

4) 安装在系统以外的旁路过滤系统。大型液压系统可专设一个液压泵和过滤器构成的过滤子系统，滤除油液中的杂质，以保护主系统。

安装过滤器时应注意，一般过滤器只能单向使用，即进、出口不可互换。

3. 蓄能器

(1) 蓄能器的作用　蓄能器的作用是将液压系统中的液压油储存起来，在需要时再放出。其主要作用表现在以下几个方面：

1) 作辅助动力源。在间歇工作或实现周期性动作循环的液压系统中，蓄能器可以把液压泵输出的多余压力油储存起来。当系统需要时，由蓄能器释放出来。这样可以减少液压泵的额定流量，从而减小电动机功率消耗，降低液压系统温升。

2) 系统保压或作紧急动力源。对于执行元件长时间不动作而要保持恒定压力的系统，可用蓄能器来补偿泄漏，从而使压力恒定。对某些系统要求当泵发生故障或停电时，执行元件应继续完成必要的动作时，需要有适当容量的蓄能器作紧急动力源。

3) 吸收系统脉动，缓和液压冲击。蓄能器能吸收系统压力突变时的冲击，如液压泵突然起动或停止，液压阀突然关闭或开启，液压缸突然运动或停止；也能吸收液压泵工作时的流量脉动所引起的压力脉动，相当于油路中的平滑滤波（在泵的出口处并联一个反应灵敏而惯性小的蓄能器）。

(2) 蓄能器的结构形式　蓄能器通常有重力式、弹簧式和充气式等几种。目前常用的是利用气体压缩和膨胀来储存、释放液压能的充气式蓄能器。

1) 活塞式蓄能器。活塞式蓄能器中的气体和油液由活塞隔开，其结构如图 3-26 所示。活塞的上部为压缩空气，气体由阀充入，其下部经油孔通向液压系统，活塞随下部液压油的储存和释放而在缸筒内来回滑动。这种蓄能器结构简单、使用寿命长，它主要用于大体积和大流量的场合。但因活塞有一定的惯性和 O 形密封圈存在较大的摩擦力，所以反应不够灵敏。

2) 皮囊式蓄能器。皮囊式蓄能器中气体和油液用皮囊隔开，其结构如图 3-27 所示。皮囊用耐油橡胶制成，固定在耐高压的壳体的上部，皮囊内充入惰性气体，壳体下端的提升阀由弹簧加菌形阀构成，液压油由此通入，并能在油液全部排出时防止皮囊膨胀挤出油口。这种结构使气、液密封可靠，并且因皮囊惯性小而克服了活塞式蓄能器响应慢的弱点，因此，它的应用范围非常广泛，其弱点是工艺性较差。

图 3-26　活塞式蓄能器

3) 薄膜式蓄能器。薄膜式蓄能器利用薄膜的弹性来储存、释放压力能，主要用于体积和流量较小的场合，如用作减振器、缓冲器等。

4) 重力式蓄能器。重力式蓄能器（图 3-28）主要用冶金等大型液压系统的恒压供油，其缺点是反应慢，结构庞大，现在已很少使用。

5）弹簧式蓄能器。弹簧式蓄能器（图 3-29）利用弹簧的压缩和伸长来储存、释放压力能，它的结构简单，反应灵敏，但容量小，可用于小容量、低压回路起缓冲作用，不适用于高压或高频的工作场合。

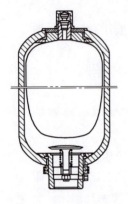
图 3-27　皮囊式蓄能器

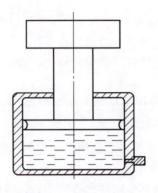
图 3-28　重力式蓄能器

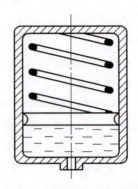
图 3-29　弹簧式蓄能器

4. 油箱

油箱的基本功能是储存工作介质、散发系统工作中产生的热量、分离油液中混入的空气、沉淀污染物及杂质。

按油面是否与大气相通，油箱可分为开式油箱与闭式油箱，如图 3-30 所示。开式油箱广泛用于一般的液压系统；闭式油箱用于水下和高空无稳定气压的场合。

5. 管件

液压系统中将管道、管接头和法兰等通称为管件。其作用是保证油路的连通，并便于拆卸、安装。可根据工作压力、安装位置确定管件的连接结构。与泵、阀等连接的管件应由其接口尺寸决定管径。

（1）油管的种类　在液压系统中，所使用的油管种类较多，有钢管、铜管、尼龙管、塑料管、橡胶管等，在选用时要根据液压系统压力的高低、液压元件安装的位置、液压设备工作的环境等因素进行选择。

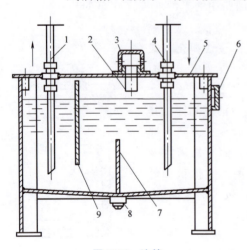
图 3-30　油箱
1—吸油管　2—滤油网　3—盖　4—回油管
5—上盖　6—油位计　7、9—隔板　8—放油阀

1）钢管。钢管分为无缝钢管和焊接钢管两类。前者一般用于高压系统，后者用于中低压系统。钢管的特点是承压能力强、价格低廉、强度高、刚度好，但装配和弯曲较困难。目前在各种液压设备中，钢管应用最为广泛。

2）铜管。铜管分为黄铜管和纯铜管两类，多用纯铜管。铜管具有装配方便、易弯曲等优点，但也有强度低、抗振能力差、材料价格高、易使液压油氧化等缺点，一般用于液压装置内部难装配的地方或压力为 0.5~10MPa 的中低压系统。

3）尼龙管。这是一种乳白色半透明的新型管材，承压能力有 2.5MPa 和 8MPa 两种。尼龙管具有价格低廉、弯曲方便等特点，但使用寿命较短，多用于低压系统替代铜管使用。

4)塑料管。塑料管价格低、安装方便、但承压能力低、易老化,目前只用于泄漏管和回油管。

5)橡胶管。橡胶管有高压和低压两种。高压管由夹有钢丝编织层的耐油橡胶制成,钢丝层越多,油管耐压能力越高。低压管的编织层为帆布或棉线。橡胶管用于具有相对运动的液压件的连接。

(2)管接头 管接头用于管道和管道、管道和其他液压元件之间的连接。对管接头的主要要求是安装、拆卸方便,抗振动、密封性能好。

目前用于硬管连接的管接头形式主要有扩口式管接头、卡套式管接头和焊接式管接头3种,如图3-31所示。用于软管连接的管接头主要为扣压式。

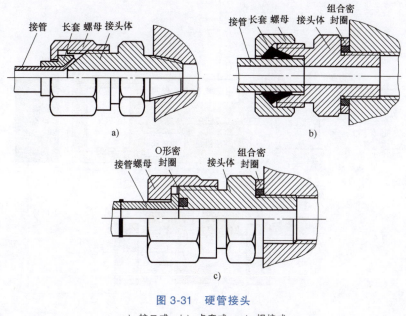

图 3-31 硬管接头
a)扩口式 b)卡套式 c)焊接式

3.6 汽车防抱死制动系统认知

学习目标

- 了解车轮抱死的危害。
- 能够正确分析防抱死制动系统的组成与作用。
- 掌握防抱死制动系统的控制原理。

课程引入

没有安装防抱死制动系统的车辆紧急制动时,会在路面上留下了两条黑黑的轮胎印,这是因为车轮不能转动(即车轮抱死)而与路面发生滑动摩擦留下的。

1. 防抱死制动系统的组成

防抱死制动系统（Anti-lock Braking System，ABS）通过安装在车轮上的传感器发出车轮将被抱死的信号，控制器指令调节器降低该车轮制动缸的油压，减小制动力矩，经一定时间后恢复原有的油压，不断地这样循环（每秒可达 5~10 次），使车轮始终处于转动状态而又有最大的制动力矩。ABS 控制原理如图 3-32 所示。

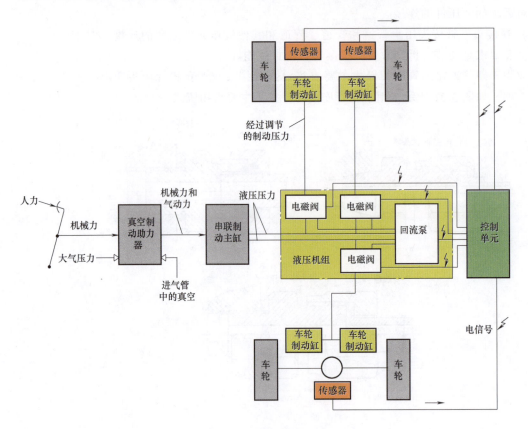

图 3-32　ABS 控制原理

ABS 由三部分组成：电子装置、液压装置、机械装置。

电子装置：在行驶过程中，轮速传感器将各车轮的转速信号传输给控制单元。控制单元根据传感器信号识别各个车轮的抱死趋势，并起用液压总成中的电磁阀。

液压装置：液压总成包括 3~4 个电磁阀、制动液储液罐和电动回流泵。液压总成的电磁阀和回流泵有电控单元，对制动压力进行稳压、减压或增压。

机械装置：在浮钳制动器中，制动压力作用在把内摩擦片压靠到制动盘上的活塞上。反作用力推动浮支撑的浮钳壳体，并将另一侧的外摩擦片压紧到制动盘上。

2. ABS 的分类

按控制通道数不同，ABS 分为单通道 ABS、双通道 ABS、三通道 ABS、四通道 ABS 4 种，多数为三通道和四通道。通道数指的是油压调节器（执行器）调节车轮的数量。四通道 ABS 油压调节器可以独立地调节 4 个车轮制动力。在油压调节器中每个车轮均要有电磁阀实现调节。三通道 ABS 油压调节器可以独立地调节两个前轮的制动力（两个通道），而对于后轮，同时调节两个后轮的制动力（一个通道）。现代 ABS 均为四通道式，以提高调节精度。

3. ABS 调节控制

为了保证车辆在所有路面状况下的稳定性和可操控性，ABS 调节回路需要通过传感器不断采集信息，并传递给电控单元（ECU），由 ECU 发出指令来控制电磁阀工作，实现控制车轮制动器中压力的自动调节，如图 3-33 所示。

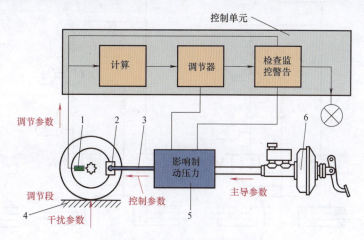

图 3-33 ABS 调节控制原理
1—转速传感器 2—车轮制动缸 3—制动压力 4—路面状况
5—液压总成（包括电磁阀和回流泵） 6—主缸

图中，控制参数：制动压力；主导参数：由驾驶人施加的制动压力；调节参数：车轮转速和车轮转速变化、制动打滑率；干扰参数：路面状况、制动状态、轮胎状态、车辆负荷；调节器：转速传感器和 ABS 控制单元。

该控制系统是一个闭环控制，其调节回路如图 3-34 所示。

(1) 常规制动（ABS 不工作） 在正常制动中，ABS 不工作，ABS ECU 没有电流送至电磁阀的电磁线圈。进油电磁阀在断电时打开，回油电磁阀在断电时关闭。当踩下制动踏板时，制动总泵液压上升，制动液从打开的回油电磁阀送至制动分泵。回油电磁阀在断电时关闭，保证分泵油道的封闭。分泵油压升高，制动力增大。当松开制动踏板时，制动液从制动分泵流回制动总泵。所以，在正常制动中，ABS 不工作，其制动过程和没有 ABS 的制动过程是一样的。

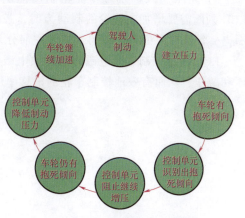

图 3-34 ABS 的液压调节回路

(2) 紧急制动（ABS 工作） 在紧急制动中，当任何一个车轮被抱死时，ABS 执行器根据来自 ECU 的信号控制作用在车轮上的制动液压力，阻止车轮抱死。ABS 会按图 3-35 所示的 3 种模式工作。

1) 保压模式。如图 3-35 所示，当 ECU 检测到左前轮的制动力过大，车轮的滑移率过大时,控制左前轮分泵2的进油电磁阀3a/1通电,进油电磁阀3a/1通电后封闭制动总泵4与左前轮分泵2的油道,即使驾驶人加大制动力度,左前轮分泵2的油压也不再升高,此时左前轮处于保压状态。

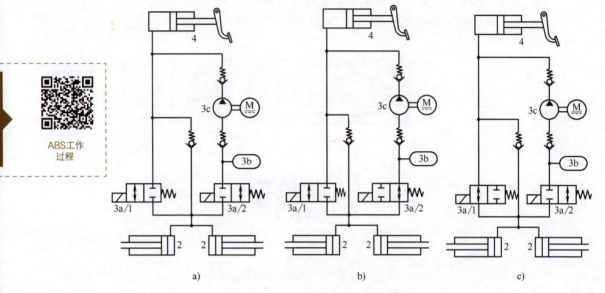

图 3-35 紧急制动(ABS 工作)
a)保压模式 b)降压模式 c)增压模式

2)降压模式。在左前轮处于保持压力模式时,若滑移率继续增大时,ECU 控制左前轮分泵的回油电磁阀 3a/2 通电,因回油电磁阀通电打开,左前轮分泵液压油经回油电磁阀 3a/2 回油,左前轮分泵的制动油压降低,此时左前轮处于降压状态。

3)增压模式。因为左前轮制动油压降低,制动力降低,车轮的滑移率减小,ECU 判断需要增加左前轮的制动力时,控制进油电磁阀 3a/1 和回油电磁阀 3a/2 均断电,制动总泵的液压油再次进入左前分泵,从而增大左前轮制动力。

ECU 通过控制进油电磁阀和回油电磁阀的通电或断电实现制动车轮的增压、保压和减压,从而有效地控制车轮的滑移率保持在 10%~30%。

项目4

气压控制系统的认知与应用

4.1 气压传动与控制系统基本知识介绍

学习目标

- 掌握气压传动的组成及工作原理。
- 掌握各类气压元件的功能、组成、工作原理和应用。
- 根据设备要求,合理选用气压元件,设计简单的气压传动装置。
- 会分析气压传动回路。
- 能够设计基本的气压与控制系统回路。

课程引入

某实验室里有一个气压传动台架及气压元器件,试利用这些设备设计各种方向控制回路、压力控制回路、位置控制回路等气压控制回路。

气压传动是以压缩空气作为工作介质进行能量的传递和控制的一种传动形式。除了具有与液压传动一样的操作控制方便,易于实现自动控制、中远程控制、过载保护等优点外,还具有工作介质处理方便,无介质费用、泄漏不污染环境、介质不变质及补充容易等优势。但空气的压缩性极大地限制了气压传动传递的效率,一般工作压力比较低(0.3~1MPa),总输出力不宜大于 10~40kN,且工作速度稳定性较差。

1. 气压传动的组成及工作原理

气压传动是以压缩空气为工作介质进行能量传递和信号传递的。气压传动的工作原理是利用空气压缩机把电动机或其他原动机输出的机械能转换为空气的压力能,然后在控制元件的作用下,通过执行元件把压力能转换为直线运动或回转运动形式的机械能,从而完成各种动作,并对外做功。

典型的气压传动系统由动力元件、控制元件、执行元件及辅助元件四部分组成。

(1)动力元件(气源装置) 动力元件的主体部分是空气压缩机。它将原动机供给的机械能转变为气体的压力能,为各类气动设备提供动力。

(2)控制元件 控制元件包括各种阀体,如压力阀、方向阀、流量阀、逻辑元件等,用来控制压缩空气的压力、流量和流动方向以及执行元件的工作程序,以便使执行机构完成预定的工作循环。

(3) 执行元件 执行元件包括气缸和气动马达。它的功能是将气体的压力能转变为机械能,带动工作部件做功。

(4) 辅助元件 辅助元件是保证压缩空气的净化、元件的润滑、元件间的连接及消声等所必须的装置,它包括过滤器、油雾气、管接头及消声器等。它们对保持气动系统可靠、稳定和持久工作起着十分重要的作用。

(5) 工作介质 工作介质即传动气体,为压缩空气。气压系统是通过压缩空气实现运动和动力传递的。

2. 气压传动的主要装备

(1) 气源装置及辅助设备 气压传动系统中的气源装置为气动系统提供满足一定质量要求的压缩空气,它是气压传动系统的重要组成部分。由空气压缩机产生的压缩空气,必须经过降温、净化、减压、稳压等一系列处理后,才能供给控制元件和执行元件使用。使用过的压缩空气排向大气时,会产生噪声,应采取措施降低噪声,改善劳动条件和环境质量。

压缩空气站的设备一般包括空气压缩机和使气源净化的辅助设备,如图 4-1 所示。

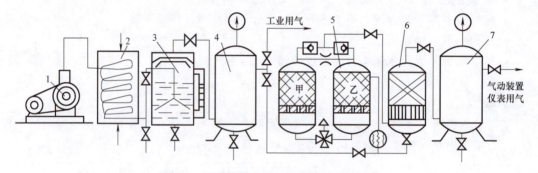

图 4-1 压缩空气站设备组成及布置示意图
1—空气压缩机 2—后冷却器 3—油水分离器 4—储气罐 5—干燥器 6—过滤器 7—储气罐 2

图 4-1 中,空气压缩机一般是由电动机带动,其吸气口装有空气过滤器,是产生和输送压缩空气的装置。它将机械能转化为气体的压力能。后冷却器用以冷却压缩空气,使汽化的水凝结出来。油水分离器用以分离并排出降温冷却的水滴、油滴、杂质等。储气罐用以贮存压缩空气,稳定压缩空气的压力,并除去部分油分和水分。干燥器用以进一步吸收或排除压缩空气中的水分和油分,使之成为干燥空气。过滤器用以进一步过滤压缩空气。储气罐 1 输出的压缩空气可用于一般要求的气压传动系统,储气罐 2 输出的压缩空气可用于要求较高的气动系统(如气动仪表等)。

1) 空气压缩机。空气压缩机按其工作原理的不同可分为容积式和动力式两类。在气压传动系统中,一般都采用容积式空气压缩机。容积式空气压缩机通过机件的运动使气缸容积大小发生周期性的变化,从而完成对空气的吸入和压缩过程。这种压缩机分为不同的几种结构形式,其中往复活塞式是常用的一种。往复活塞式空气压缩机组成与工作原理如图 4-2 所示。

当活塞向右运动时,左腔压力低于大气压力,吸气阀被打开,空气在大气压力作用下进入气缸内,这个过程称为吸气过程。

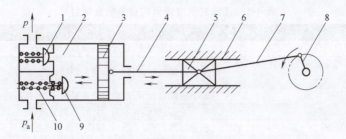

图 4-2 往复活塞式空气压缩机组成与工作原理
1—排气阀 2—汽缸 3—活塞 4—活塞杆 5—十字头 6—滑道 7—连杆 8—曲柄
9—吸气阀 10—弹簧

当活塞向左移动时,吸气阀在缸内压缩气体的作用下关闭,缸内气体被压缩,这个过程称为压缩过程。

当气缸内空气压力增高到略高于输气管内压力后,排气阀被打开,压缩空气进入输气管道,这个过程称为排气过程。

2) 气动辅助元件。气动辅助元件分为气源净化装置和其他辅助元件两大类。

气源净化装置即压缩空气净化装置,一般包括后冷却器、油水分离器、储气罐、干燥器、过滤器等。

① 压缩空气的过滤装置。压缩空气过滤器的结构与工作原理:压缩空气过滤器的结构如图 4-3 所示。压缩空气从入口进入过滤器内部后,因导流板(旋风叶片)的导向产生强烈的旋转,在离心力作用下,压缩空气中混有的大颗粒固体杂质和液态水滴等被甩到滤杯的内表面上,在重力作用下沿壁面沉降至底部。经过这样预净化的压缩空气通过滤芯流出,进一步清除其中颗粒较小的固态粒子,清洁的空气从出口输出。

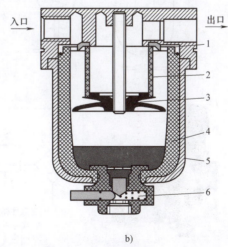

a)　　　　　　　　　　　　b)　　　　　　　　　　　　c)

图 4-3 压缩空气过滤器
a) 外形　b) 结构与工作原理　c) 图形符号
1—导流板 2—滤芯 3—挡水板 4—滤杯 5—杯罩 6—排水阀

压缩空气过滤器的日常检查项目见表 4-1。

表 4-1 压缩空气过滤器的日常检查项目

序号	检查项目	检查方法和判定标准
1	检查是否有排放物堆积	清洗过滤器时,检查是否有排放物堆积在过滤套内
2	检查过滤套是否损坏和内部是否有污渍	清洗过滤器时,检查过滤套是否损坏和内部是否有污渍
3	检查变流装置	取下过滤套,目视检查变流器是否破裂、有裂缝或损坏
4	检查滤芯	取下滤芯,检查是否有污垢和堵塞
5	检查隔板	移开过滤套,取下隔板,检查是否有污垢、裂缝或变形
6	检查过滤器的安装角度	使用测量仪器检查过滤器是否垂直安装
7	检查管子安装部位是否漏气	用肥皂水检查管子接头是否漏气

② 压缩空气的润滑装置。油雾器的结构与工作原理:油雾器是一种特殊的注油装置,其作用是使润滑油雾化后,随压缩空气一起进入需要润滑的部件,达到润滑的目的。

油雾器在使用中一定要垂直安装,它可以单独使用,也可以和空气过滤器、减压阀联合使用,组成气源调节装置(通常称为气动三联件),使之具有过滤、减压和油雾润滑的功能。联合使用时,其连接顺序应为空气过滤器→减压阀→油雾器(不能颠倒)。安装时,气源调节装置应尽量靠近气动设备附近,距离应不大于 5m。气动三联件(Air service unit)的工作原理、外形及图形符号如图 4-4 所示。

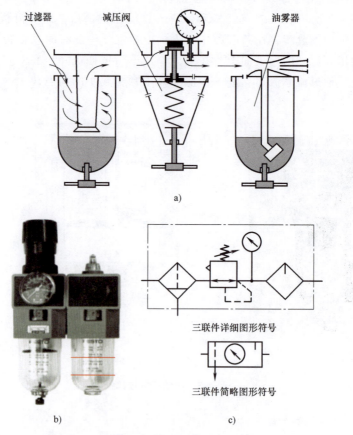

图 4-4 气动三联件
a) 工作原理 b) 外形 c) 图形符号

润滑装置的日常检查项目见表 4-2。

表 4-2 润滑装置的日常检查项目

序号	检查项目	检查方法和判定标准
1	检查润滑器的油量	清洗润滑器时,检查油位是否在上、下限位之间
2	检查油是否变质或混合了灰尘或杂质	移开过滤套,从套内取出一点油作样品,滴几滴到滤纸上检查是否有灰尘和杂质。通过和油样比较判定油的等级
3	检查油的类型	确认油的类型是否与设备规格上列举的一样
4	检查滴油器	清洗滴油口,目视检查油滴是否符合规定的数量
5	检查管子接头是否漏气	用肥皂水检查是否漏气

③ 压缩空气的消声装置。在气压传动系统之中,气缸、气阀等元件工作时,排气速度较高,气体体积急剧膨胀,会产生刺耳的噪声。噪声的强弱随排气的速度、排量和空气通道的形状变化而变化。排气的速度和功率越大,噪声越大,一般可达 100～120dB,为了降低噪声可以在排气口装消声器。

消声器是通过阻尼或增加排气面积来降低排气速度和功率,从而降低噪声的。气动元件使用的消声器一般有吸收型消声器、膨胀干涉型消声器和膨胀干涉吸收型消声器 3 种类型,比较常用的是吸收型消声器。吸收型消声器如图 4-5 所示。

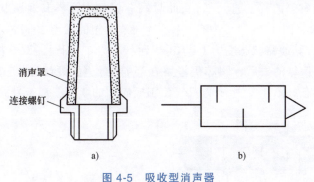

图 4-5 吸收型消声器
a) 结构简图 b) 图形符号

吸收型消声器主要依靠吸声材料消声。消音罩为多孔的吸音材料,一般用聚苯乙烯或铜珠烧结而成。当消声器的通径小于 20mm 时,多用聚苯乙烯作消声材料制成消声罩;当消声器的通径大于 20mm 时,消声罩多用铜珠烧结,以增加强度。其消声原理是:当有压气体通过消声罩时,气流受到阻力、声能量被部分吸收而转化成热能,从而降低噪声强度。

(2) 气压传动控制元件 在气压传动系统中,气动控制元件是用来控制和调节压缩空气的压力、流量、流动方向和发送信号的重要元件。利用它们可以组成各种气动控制回路,以保证气动执行元件或机构按设计的程序正常工作。控制元件按功能和用途可分为方向控制阀、流量控制阀和压力控制阀三大类。

1) 方向控制阀。在气压系统中,控制执行元件起动、停止、改变运动方向的元件称为方向控制阀。方向控制阀的作用是改变压缩空气的流动方向和控制气流的通断。

① 气压控制方向阀。气压控制方向阀用压缩空气推动气压控制方向阀的阀芯移动，使换向阀换向，从而实现气路换向或通断。气压控制方向阀适用于易燃、易爆、潮湿、灰尘多等工作环境恶劣的场合，操作安全可靠。气压控制方向阀可分为单气控制换向阀和双气控制换向阀两种。

• 单气控制换向阀。如图 4-6a 所示为无气控信号时单气控制换向阀的状态，即常态。此时阀芯在弹簧的作用下处于上端位置，使阀口 A 与 T 接通。图 4-6b 所示为有气控信号 K 而动作时的状态，由于气压力的作用，阀芯压缩弹簧下移，使阀口 A 与 T 断开，P 与 A 接通。图 4-6c 所示为单气控制换向阀的职能图形符号。

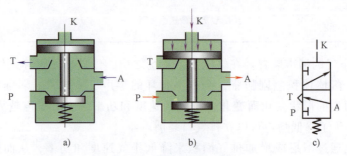

图 4-6 单气控制换向阀

• 双气控制换向阀。如图 4-7a 所示为双气控制滑阀式换向阀有气控信号 K_2 时阀的状态（阀芯右侧的气室通大气），此时阀芯停在左边，其通路状态是 P 与 A 相通、B 与 T_2 相通。图 4-7b 所示为有气控信号 K_1 时阀的状态（阀芯左侧的气室通大气）。阀芯换位，其通路状态变为 P 与 B 相通，A 与 T_1 相通。双气控制滑阀具有记忆功能，即气控信号消失后，阀芯仍停留在当时的位置，所以阀仍能保持在有气控信号时的工作状态。图 4-7c 所示为双气控制换向阀的职能图形符号。

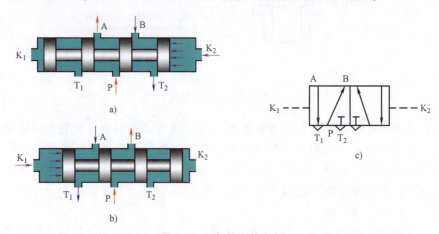

图 4-7 双气控制换向阀

② 电磁控制换向阀。电磁控制换向阀是利用电磁线圈通电时，静铁心对动铁心产生的电磁吸力，使阀芯改变位置实现换向的，简称电磁阀。电磁阀有直动式和先导式两种。其中，直动式的主阀阀芯的换向是由电磁铁直接推动的，先导式的主阀阀芯换向是由电磁先导阀控制的压缩空气来推动的。图 4-8 和图 4-9 分别为直动式和先导式电磁阀的结构与工作原理。

图4-8中，励磁线圈不通电时，阀在复位弹簧的作用下处于上端位置，A与T相通，A口排气。当通电时，电磁铁推动阀芯向下移动，P与A相通，A口进气。

图4-9中当电磁先导阀1的线圈通电，主阀的K_1腔进气，K_2腔排气，使主阀阀芯向右移动。此时P与A、B与O_2相通。当电磁先导阀2通电，主阀的K_2腔进气，K_1腔排气，使主阀阀芯向左移动。此时P与B、A与O_1相通。先导式双电控电磁阀具有记忆功能，即通电换向，断电保持原状态。

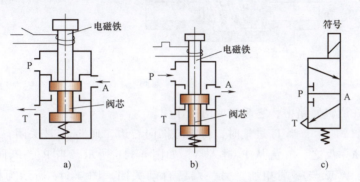

图4-8 直动式二位三通电磁阀结构与工作原理
a）原始状态 b）通电状态 c）图形符号

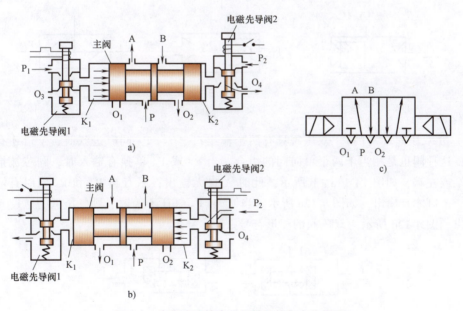

图4-9 先导式双控电磁阀的结构与工作原理
a）电磁先导阀1通电 b）电磁先导阀2通电 c）图形符号

③ 单向阀。图4-10所示为单向阀。当气流由P口向A口流动时，作用在阀芯上的气体压力克服弹簧力将阀门打开，使P口与A口相通，如图4-10a所示。当气流反向流动时，阀在A腔的气压和弹簧作用下将阀门关闭，如图4-10b所示。图4-10c是单向阀的图形符号。

④ 梭阀（或门）。在气压传动系统中，当两个通路P_1和P_2均与另一通路A相通，而不允许P_1和P_2相通时，就要用梭阀，如图4-11所示。该阀相当于两个单向阀

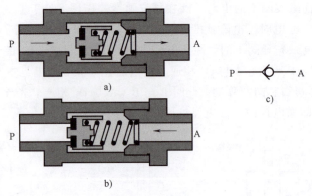

图 4-10 单向阀

组合的阀。在逻辑回路中，它起到或门的作用。

如图 4-11a 所示，当 P_1 进气时，将阀芯推向右边，通路 P_2 被关闭，于是气流从 P_1 进入通路 A。反之，气流从 P_2 进入 A，如图 4-11b 所示。当 P_1、P_2 同时进气时，哪端压力高，A 就与哪端相通，另一端就自动关闭。图 4-11c 所示为梭阀的图形符号。

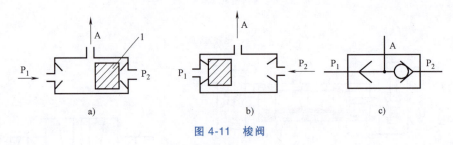

图 4-11 梭阀

⑤ 双压阀（与门）。双压阀只有两个输出口 P_1 与 P_2 同时进气时，A 口才有输出，这种阀也是相当于两个单向阀的组合。当 P_1 或 P_2 单独有输入时，阀芯被推向右端或左端，如图 14-12a、b 所示，此时 A 口无输出；只有当 P_1 和 P_2 同时有输入时，A 口才有输出，如图 4-12c 所示。当 P_1 和 P_2 气压不等时，则气压低的通过 A 口输出。图 4-12d 所示为双压阀的图形符号。

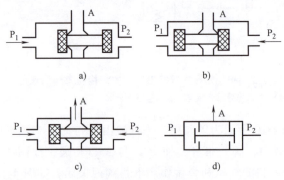

图 4-12 双压阀

⑥ 快速排气阀。快速排气阀又称为快排阀。它是为加快气缸运动速度作快速排气用的。当 P 口进气时（图 4-13a），膜片被压下封住排气口 T，气流经膜片四周小

孔由 A 口流出；当气流反向流动时，A 口气压将膜片顶起封住 P 口，A 口气体经 T 口迅速排掉（图 4-13b）。实际使用时，快速排气阀应配置在需要快速排气的气动执行元件附近，否则会影响快排效果。

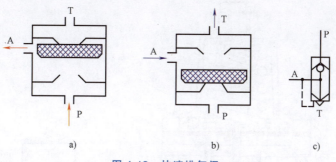

图 4-13 快速排气阀

2) 流量控制阀 气压传动系统中的流量控制阀是通过改变阀的通流面积来控制空气流量的大小，以改变气缸工作时的运动速度、换向速度和气动信号的传递速度的元件。常用的流量阀有节流阀、单向节流阀、排气节流阀等。由于它们的工作原理与液压阀中同类阀相似，故在此不再重复。下面只介绍排气节流阀。

图 4-14a 所示为排气节流阀的工作原理，气流从 A 口进入阀内，由节流口节流后经由消声材料制成的消声套排出。由于其结构简单、安装方便、故应用日益广泛。

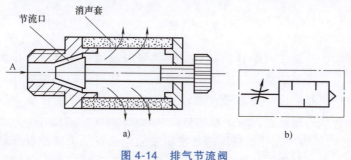

图 4-14 排气节流阀
a）工作原理 b）图形符号

3) 压力控制阀 压力控制阀是用来调节、控制系统中压缩空气的压力，依靠气体压力来控制执行元件顺序动作。压力控制阀是利用压缩空气作用在阀芯上的力和弹簧力相平衡的原理来进行工作的，根据功能不同可分为减压阀、顺序阀和安全阀。

① 减压阀。在气压传动系统中，一个空压站输出的压缩空气往往要供给多台气动设备使用，因此它所提供的压缩空气压力应高于每台设备所需的最高压力。减压阀的作用是将较高的输入压力调整到符合设备使用要求的压力并输出，且保持输出压力的稳定（又称为调压阀）。减压阀按照压力调节方式的不同，分为直动式和先导式两大类。

• 直动式减压阀。如图 4-15a 所示，顺时针旋转手柄，则压缩调压弹簧推动膜片下移，膜片同时推动进气阀芯下移，进气阀被打开，气流通过阀口后压力降低。与此同时，有一部分气流由阻尼管进入膜片气室，在膜片的下方产生一个向上的推力，这个推力使阀口开度变小，使其输出压力下降。当输入压力发生波动时，如输入压力瞬时升高，输出压力随之升高，作用于膜片上的气体推力随之增大，破坏了

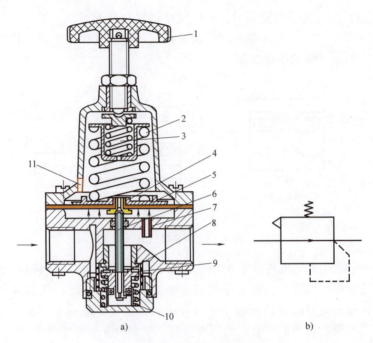

图 4-15 QTY 型直动式减压阀
a) 结构   b) 图形符号
1—手柄 2、3—调压弹簧 4—溢流口 5—膜片 6—阀杆
7—阻尼管孔 8—阀座 9—进气阀芯 10—复位弹簧 11—排气孔

原来的力的平衡，使膜片向上移动，有少量气体经溢流口、排气孔排出。在膜片上移的同时，因复位弹簧的作用，使输出压力下降，直到新的平衡为止。反之，若因输入压力下降而引起输出压力下降，通过自动调节，最终也能使输出压力回升到调定压力，以维持压力稳定。调节手轮即可改变调定压力的大小。

● 先导式减压阀。先导式减压阀是使用预先调整好压力的空气来代替直动式调压弹簧进行调压的。其调节原理和主阀部分的结构与直动式减压阀相同。先导式减压阀的调压空气一般是由小型的直动式减压阀供给的。若将这种直动式减压阀装在主阀内部，则称为内部先导式减压阀；若将它装在主阀外部，则称为外部先导式或远程控制式减压阀。

② 安全阀。安全阀的作用是防止气动装置因气压过高而发生破裂等故障。安全阀有直动式和先导式两种。

当压力较小不能克服弹簧压力时，入口 P 到出口 T 处于截止状态，如图 4-16a 所示；当压力超过由弹簧调定的溢流压力（安全压力）值时，活塞被顶开，入口 P 与出口 T 接通，如图 4-16b 所示。图 4-16c 是安全阀的图形符号。

③ 顺序阀。利用气路中压力的变化来控制各执行元件按顺序动作的压力阀称为顺序阀。与液动顺序阀类似，气动顺序阀也是根据调节弹簧的压缩量来控制其开启压力的。当输入压力达到顺序阀的调定压力时，阀口打开，有气流输出；反之，阀口关闭，无气流输出。顺序阀一般很少单独使用，往往与单向阀组合在一起，构成单向顺序阀。

图 4-17a 所示为单向顺序阀正向流动的情况。压缩空气由 P 口进入顺序阀体后，

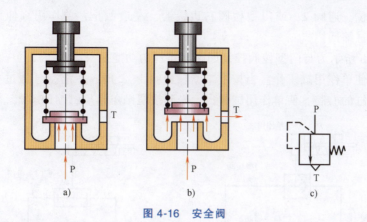

图 4-16 安全阀

单向阀在压差及弹簧的作用下处于关闭状态。作用在活塞上的气压超过压缩弹簧的力时,将活塞顶起,顺序阀打开,压缩空气由 A 输出。如图 4-17b 所示,反向流动时,输入侧变成排气口,输出侧压力将顶开单向阀由 O 口排气,调节手柄就可改变单向顺序阀的开启压力,以便在不同的空气压力下,控制执行元件的顺序动作。图 4-17c 是单向顺序阀的图形符号。

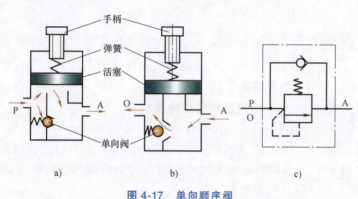

图 4-17 单向顺序阀
a) 正向流动 b) 反向流动 c) 图形符号

(3) 气压传动执行元件 在气压传动系统中,气缸和气压马达是气动执行元件。它们的功用都是将压缩空气的压力能转换为机械能,所不同的是气缸用于实现直线往复运动或摆动,而气压马达则用于实现回转运动。其工作原理及用途类似于液压缸和液压马达,此处不再赘述。

3. 气压传动基本回路

气压传动系统与液压传动系统一样,都是由各种不同的基本功能的回路组成的,而且可以相互参考和借鉴。了解气动系统常用回路的类型和功能,合理选择各种气动元件并根据其功能组合成气动回路,可实现预定的方向控制、压力控制和位置控制等功能。与液压回路相同的基本回路不再赘述,只对典型的气压回路进行简单介绍。

(1) 梭阀控制回路 图 4-18a 所示为或门型梭阀控制回路,实现的功能是按下二位三通阀 1 或 2 的按钮都可以实现作用缸的伸缩。当按下二位三通阀 1 时,或门型梭阀左边接通,右边截止,单作用缸向左伸出;松开按钮则单作用缸缩回。同理,如果按下二位三通阀2，或门型梭阀右边接通，左边截止，单作用缸伸出；松开按钮，单作用缸缩回。

图4-18b所示为与门型梭阀控制回路，实现的功能是只有按下二位三通阀1和2的按钮才能使单作用缸工作。当按下二位三通阀1、2时，压缩空气通过与门型梭阀进入单作用缸的右腔，使单作用缸伸出；松开按钮则单作用缸缩回。

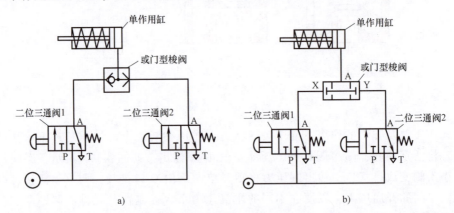

图4-18 梭阀控制回路
a) 或门型 b) 与门型

（2）快速退回回路 图4-19所示为单作用缸的快速退回回路，当按下二位三通阀的按钮时，快速排气阀中的P和A接通，气缸慢速伸出；当松开按钮时，快速排气阀中的A和T接通，气缸快速退回。

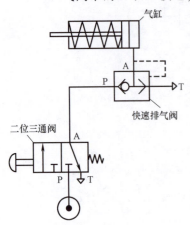

图4-19 快速退回回路

4. 气压传动的特点

（1）气压传动的优点

1）以空气作为工作介质，资源丰富，处理方便，用过以后可直接排入大气，不会污染环境，且可少设置或不必设置回气管道。

2）空气的黏度很小，只有液压油的万分之一，流动阻力小，所以便于集中供气，中、远距离输送。

3）气动控制动作迅速，反应快；维护简单，工作介质清洁，不存在介质变质和更换等问题。

4）工作环境适应性好。在易燃、易爆、多尘埃、辐射、强磁、振动、冲击等恶劣的环境中，气压传动系统工作安全可靠。

5）气动元件结构简单，便于加工制造，使用寿命长，可靠性高。

（2）气压传动的缺点

1）由于空气的可压缩性大，气压传动系统的速度稳定性差，给系统的速度和位置控制精度带来很大的影响。

2）气压传动系统的噪声大，尤其是排气时，需要加消声器。

3）工作压力较低（0.3~1MPa），不易获得较大的输出力或转矩。

4）因空气黏度小，润滑性差，因此需设润滑装置。

5）空气净化处理较复杂，气源中的杂质及水蒸气必须进行净化处理。

（3）气压传动与其他传动对比　日常生活中用到的传动形式有气压传动、液压传动、电子传动、电气传动和机械传动，气压传动与其他传动形式的性能比较见表 4-3。

表 4-3　气压传动与其他传动形式的性能比较

名　称	机械传动	电气传动	电子传动	液压传动	气压传动
输出力	中等	中等	小	很大	大
动作速度	低	高	高	低	高
信号响应	中	很快	很快	快	稍快
位置控制	很好	很好	很好	好	不太好
遥控	难	很好	很好	较良好	良好
安装限制	很大	小	小	小	小
速度控制	稍困难	容易	容易	容易	稍困难
无级变速	稍困难	稍困难	良好	良好	稍良好
元件结构	普通	稍复杂	复杂	稍复杂	简单
动力源中断时	不动作	不动作	不动作	有蓄能器，可短时动作	可动作
管线	无	较简单	复杂	复杂	稍复杂
维护	简单	有技术要求	技术要求高	简单	简单
危险性	无特别问题	注意漏电	无特别问题	注意防火	几乎没有问题
体积	大	中	小	小	小
温度影响	普通	大	大	普通（700℃以下）	普通（100℃以下）
防潮性	普通	差	差	普通	注意排放冷凝水
防腐蚀性	普通	差	差	普通	普通
防振性	普通	差	特差	不必担心	不必担心
构造	普通	稍复杂	复杂	稍复杂	简单
价格	普通	稍高	高	稍高	普通

4.2　气压传动与控制系统在汽车上的应用

学习目标

- 了解气压传动与控制系统在汽车上的应用实例。
- 能够分析汽车上的气压控制系统的工作原理。
- 能够用 EVA 原理分析汽车上的气压控制系统的结构与工作原理。

课程引入

某车主反映其车辆出现前照灯常亮的情况，按开关也不起任何作用，试分析其原因。

1. 气压制动的结构与工作原理

气压控制系统主要用于商用车和大型货车，作为气压制动器、空气悬架、变速器控制装置和公共汽车的车门控制装置使用。在轿车中有用于中控锁和前照灯照明距离调节装置的气动系统。这些系统大多用真空传动,真正的空气压缩机设备不属于轿车的标准配置。

气压制动装置是一种助力制动装置。车轮制动器的张紧力由一台空气压缩机的压缩空气提供,驾驶人只需通过踩下制动踏板来起动制动过程。一台气压制动装置由下述部件组成:

- 压缩空气源。
- 牵引车中的行车制动装置。
- 使车辆在静止状态或倾斜路面驻车的驻车制动装置。
- 挂车制动装置。在商用车上通常安装双回路双管路制动装置(图4-20):双回路表示前桥和后桥制动缸各由一个独立的制动回路来控制;双管路表示在汽车列车(带挂车或半挂车的牵引车)中用两根管路连接两车,一条备用管路和一条用增压来工作的制动管路。

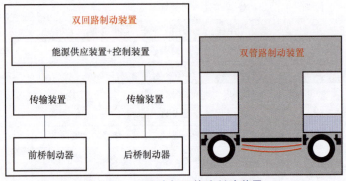

图4-20 双回路与双管路制动装置

一台空气压缩机通过空气滤清器吸入外部空气,将它压缩并通过调压器压入到空气干燥器中。调压器调节制动装置中的压力,空气干燥器除去空气中的水分并将压缩空气清洁干净。过回路溢流阀(此为三回路溢流阀)把压缩空气分配给备用回路:

- 回路1:行车制动器—后桥。
- 回路2:行车制动器—前桥。
- 回路3:驻车制动器。

备用储气罐储存空气压缩机产生的压缩空气达到切断压力时,空气压缩机不再提供压缩空气。每当储存压力开始下降时,自动放水阀就会放水。利用行车制动阀(又称踏板制动阀)可实现无级制动(轻微制动、全制动),此阀由两个阀门串联组成,这两个阀门分别向与它们连接在一起的制动缸提供压缩空气。全制动时,这些阀门全部打开,总储存压力在各制动回路中起作用。在后桥制动回路中安装了一个根据车辆负荷状态来调节制动压力的制动力调节器。在制动缸(膜片缸)中,把输入的压力转换成在行车制动器中产生制动力的活塞杆力。膜片缸安装在前桥上,组合缸安装在后桥上,它们是行车制动器膜片缸和驻车制动器预载弹簧缸的组合缸。

用驻车制动阀能在驻车制动位置处使组合缸中的预载弹簧缸排气,弹簧力作用到该制动器上。气压制动系统的气压元件流程图如图4-21所示。

气压制动系统的电路、原理框图如图4-22、图4-23所示。

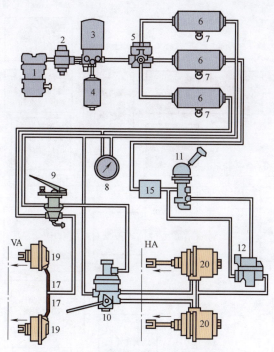

图 4-21 气压制动系统的气压元件流程

能源供给装置：1—空气压缩机　2—调压器　3—空气干燥器　4—再生储气罐　5—三回路溢流阀　6—压缩空气储气罐　7—放水阀　8—压力表

操纵装置：9—行车制动阀　10—制动力调节器　11—驻车制动阀　12—继电器阀　15—单向阀

传输装置：16—制动硬管　17—制动软管　18—螺旋管

制动轮缸：19—（前桥）制动轮缸　20—（后桥）组合制动轮缸

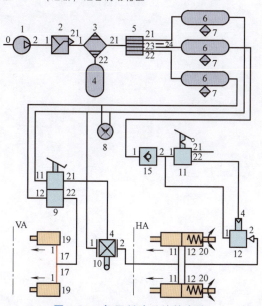

图 4-22 气压制动系统的电路

能源供给装置：1—空气压缩机　2—调压器　3—空气干燥器　4—再生储气罐　5—四回路溢流阀　6—压缩空气储气罐　7—放水阀　8—压力表

操纵装置：9—行车制动阀　10—制动力调节器　11—驻车制动阀　12—继电器阀　15—单向阀

传输装置：16—制动硬管　17—制动软管　18—螺旋管

制动轮缸：19—（前桥）制动轮缸　20—（后桥）组合制动轮缸

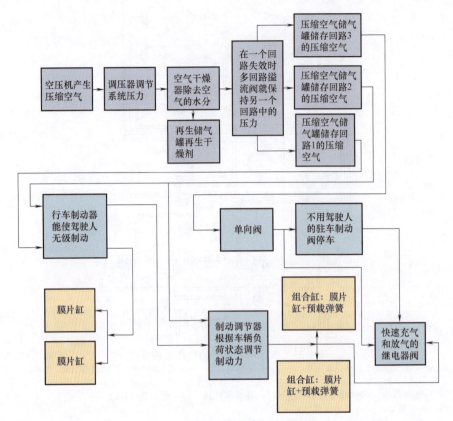

图 4-23 气压制动系统的原理框图

项目 5

组合控制系统的认知与应用

5.1 电气/电子控制系统

学习目标

- 理解电气/电子组合控制系统的概念。
- 能够分析电气/电子组合控制系统的工作原理。

课程引入

在汽车控制系统中,输入元件和执行元件之间存在一些逻辑关系,试分析其机理。

1. 逻辑代数基础

(1) 逻辑代数、逻辑变量和逻辑运算 与普通代数相同,逻辑代数也是由逻辑变量(用字母表示)、逻辑常量(0 和 1)和逻辑运算符(与、或、非)组成的。逻辑电路的输入量和输出量之间的关系是一种因果关系,可以用逻辑表达式来描述。

在逻辑电路中,逻辑变量和普通代数中的变量一样,用字母 A、B、C……X、Y、Z 等来表示。但逻辑变量只允许取两个不同的值(0 和 1,没有中间值),它并不表示数量的大小(与普通代数不同),只表示两种对立的逻辑状态,分别是逻辑 0 和逻辑 1。

逻辑代数就是用以描述逻辑关系,反映逻辑变量运算规律的数学,它是按照一定的逻辑规律进行运算的。

所谓逻辑关系,是指一定的因果关系。基本的逻辑关系只有与、或、非 3 种。实现这 3 种逻辑关系的电路分别称为与门(AND gate)、或门(OR gate)、非门(NOT gate)。

在逻辑代数中,只有 3 种基本的逻辑运算,即与运算、或运算、非运算。其他逻辑运算都是通过这 3 种基本运算的组合来实现的。

(2) 基本逻辑门电路

1) 与门电路。

① 与逻辑。当决定某一事件的所有条件(前提)都具备时,该事件才会发生(结论),这种结论与前提的逻辑关系称为与逻辑关系。例如,两个串联开关共同控

制一个指示灯,如图5-1所示,只有当开关A与B同时接通(即两个条件同时都具备)时,指示灯F才亮。

② 与运算。实现与逻辑关系的运算称为与运算。运算符号为"·",通常可以省略。与运算又称为逻辑乘。引入与运算后,前面的电灯亮这一命题与两开关闭合之间的逻辑关系可表示为

$$F = A \cdot B$$

若开关闭合时变量取值为1,反之为0;灯亮为1,灯不亮为0,则显然下面的运算是成立的:

$0 \cdot 0 = 0$

$0 \cdot 1 = 0$

$1 \cdot 0 = 0$

$1 \cdot 1 = 1$

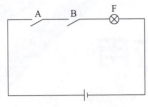

图5-1 两个串联开关控制指示灯的电路

③ 与门电路逻辑符号和真值表如图5-2所示。

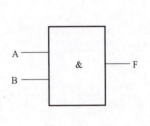

A	B	F
0	0	0
0	1	0
1	0	0
1	1	1

a)   b)

图5-2 与门电路逻辑符号和真值表

a) 逻辑符号 b) 真值表

2) 或门电路

① 或逻辑。在决定某一事件的各个条件中,只要有一个或一个以上的条件具备,该事件就会发生,这种逻辑关系称为或逻辑关系。在图5-3所示电路中,开关A和B并联,当开关A接通或B接通,或A和B都接通时,电灯F就会亮。

② 或运算。实现或逻辑关系的运算称为或运算。运算符号为"+",或运算又称逻辑加。这样,两个并联开关控制电灯的逻辑关系可用下式表示:

$$F = A + B$$

同样,对于或运算,下面等式是成立的:

$0 + 0 = 0$

$0 + 1 = 1$

$1 + 0 = 1$

$1 + 1 = 1$

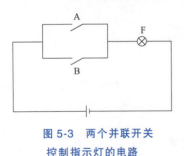

图5-3 两个并联开关控制指示灯的电路

③ 或门电路逻辑符号和真值表如图5-4所示。

3) 非门电路

① 非逻辑。在逻辑问题中,若条件具备时事件不发生,而当条件不具备时,该

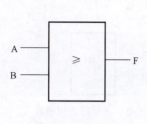

A	B	F
0	0	0
0	1	1
1	0	1
1	1	1

a)　　　　　　　　　　　　b)

图 5-4　或门电路逻辑符号和真值表

a）逻辑符号　b）真值表

事件必然发生,这种结论与前提完全相反的逻辑关系称为非逻辑关系。在图 5-5 所示电路中,开关 A 和灯泡并联,当开关 A 接通时灯不亮,而当开关断开时灯亮。

② 非运算。实现非逻辑关系的运算称为非运算,非运算用"−"表示。开关接通和电灯亮的逻辑关系可表示为

$$F=\overline{A}\quad（读作\ A\ 非）$$

同样,下面的等式是成立的:

$$\overline{0}=1$$
$$\overline{1}=0$$

③ 非门逻辑符号和真值表如图 5-6 所示

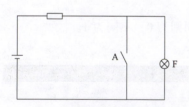

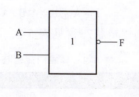

A	F
0	1
1	0

a)　　　　　　　　　　b)

图 5-5　开关与灯泡并联电路　　　　图 5-6　非门电路逻辑符号和真值表

a）逻辑符号　b）真值表

(3) 复合逻辑门电路

1) 与非门电路。与和非的复合运算(先求与,再求非)称为与非运算。实现与非复合运算的电路称为与非门。与非门逻辑符号如图 5-7 所示。

与非门的逻辑表达式为

$$F=\overline{A\cdot B}$$

与非门逻辑状态表见表 5-1,即有 0 则 1,全 1 则 0。

表 5-1　与非门逻辑状态表

A	B	F
0	0	1
0	1	1
1	0	1
1	1	0

2) 或非门。实现或非复合运算的电路称为或非门。或非门逻辑符号如图 5-8 所示。

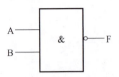

图 5-7 与非门逻辑符号

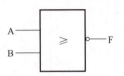

图 5-8 或非门逻辑符号

或非门的逻辑表达式为

$$F = \overline{A+B}$$

或非门的逻辑状态见表 5-2，即有 1 则 0，全 0 则 1。

表 5-2 或非门逻辑状态表

A	B	F
0	0	1
0	1	0
1	0	0
1	1	0

3) 异或门。式 $F = A\overline{B} + \overline{A}B$ 的逻辑运算称为异或运算，其逻辑符号如图 5-9 所示。

异或门的逻辑表达式为

$$F = A \oplus B = A\overline{B} + \overline{A}B$$

由上述表达式可得出其逻辑状态，见表 5-3，即同则为 0，不同为 1。

表 5-3 异或门逻辑状态表

A	B	F
0	0	0
0	1	1
1	0	1
1	1	0

异或门的逻辑功能为：两个输入相同时，输出为 0；两个输入不同时，输出为 1。

4) 与或非门。与或非门表达的与或非逻辑运算为

$$F = \overline{AB+CD}$$

只有 A、B 同时为 1 或 C、D 同时为 1 时，F 才为 0，否则 F 为 1。其逻辑符号如图 5-10 所示，其逻辑状态见表 5-4。

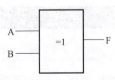

图 5-9 异或门逻辑符号

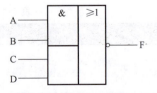

图 5-10 与或非门逻辑符号

表 5-4　与或非门逻辑状态表

A	B	C	D	F
0	0	0	0	1
0	0	0	1	1
0	0	1	0	1
0	0	1	1	0
0	1	0	0	1
0	1	0	1	1
0	1	1	0	1
0	1	1	1	0
1	0	0	0	1
1	0	0	1	1
1	0	1	0	1
1	0	1	1	0
1	1	0	0	0
1	1	0	1	1
1	1	1	0	0
1	1	1	1	0

2. 组合逻辑实例分析

（1）汽车的车内照明电路　汽车的车内照明电路实现的功能是：如果驾驶人或前排乘员打开车门，车内照明装置就会打开。车内照明装置简图如图 5-11 所示。

1）电路。车内照明装置控制系统如图 5-12 所示，由下述装置组成：

- 输入元件
- 处理元件
- 执行元件

输入元件有：车门触点 S_1 和车门触点 S_2。

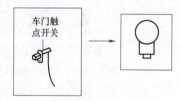

图 5-11　车内照明装置简图

执行元件是一个接通和关闭车内照明装置的继电器。

信号处理元件把各输入元件进行组合即接线，以便产生下述功能，即满足以下条件时，车内照明装置接通：

- 打开右车门，开关 S_1 把连接继电器的电路接通。
- 打开左车门，开关 S_2 把连接继电器的电路接通。
- 两车门都打开。

其连接线路图如图 5-13 所示。

图 5-14a、b 是车内照明系统的功能表和真值表，描述了输出状态与输入端的关系。

- 有电压——→1 信号
- 无电压——→0 信号

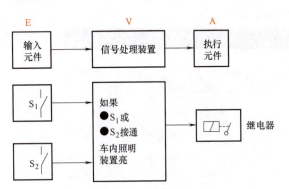

图 5-12 车内照明装置控制系统

图 5-13 车内照明装置线路图

输入元件状态		输出状态
车门触点 S_1	车门触点 S_2	电灯 E
断开	断开	熄灭
接通	断开	亮
断开	接通	亮
接通	接通	亮

a)

S_1	S_2	E
0	0	0
0	1	1
1	0	1
1	1	1

b)

图 5-14 车内照明系统的功能表和真值表

a) 功能表　b) 真值表

在图 5-12 所示的车内照明装置控制系统中包括或基本逻辑功能，即此电路表示一种或组合。如果在一个输入端上至少有一个 1 信号，则在或组合中输出才有 1 信号。只有所有输入端都有 0 信号时，输出端才 0 信号。

用逻辑图或功能图来表示逻辑基本功能，为此使用由方框或写入框内的逻辑组合种类符号组成的逻辑符号。用字母 S（开关）表示输入，用字母 E 表示输出。此概览图仅考虑到电路的主要部分，可以迅速了解组合电路的任务、结构、划分和功能。电路符号不能说明通过触点或半导体元件而实现的电路技术。

2）处理元件的逻辑模块。电路实际上是由逻辑模块构成。这些模块大多是集成电路（IC）。在集成电路中，在硅晶片（芯片）只有几平方毫米的面积上安置了许多晶体管、二极管和电阻，并通过有目的的连接组合形成各种电路，例如或电路等。图 5-15 所示为车内照明系统的逻辑符号和逻辑模块。

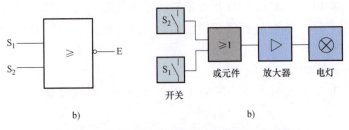

图 5-15 车内照明系统的逻辑符号和逻辑模块

a) 逻辑符号　b) 逻辑模块

在标准逻辑模块中将 4 个独立的或电路装配成一个操作单元。这种模块有 14 个接头,也称为引脚,在引脚 14 上有工作电压 U_B,引脚 7 接地。

用一个集成模块可以组成车内照明装置的逻辑电路。该模块连接在一个集成电路插座上,从该插座引出各个引脚。模块输出的信号对于执行元件来说太弱了,为了进行控制必须在输出级中将它们放大。其控制模块电路如图 5-16 所示。

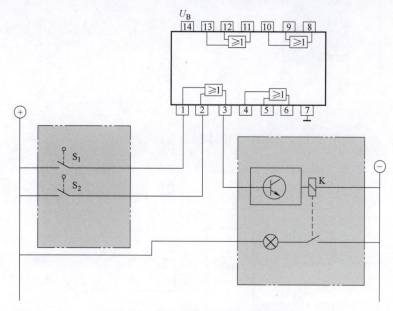

图 5-16　车内照明电路控制模块电路

3)信号电平。一个开关有两种明确的工作状态:
- 接通——1 信号
- 断开——0 信号

这两种工作状态又称为逻辑值或逻辑状态。在电路中不仅逻辑状态很重要,与逻辑状态相对应的电压也很重要。通常采用下述分配方式:
- 0 信号 ≈ 0V
- 1 信号 ≈ 12V

但是电子模块存在误差,因此也必须为二进制电压状态规定公差。在一个带晶体管的电路中下式成立:
- 0 信号 ≈ 0~2V
- 1 信号 ≈ 6~12V。

其信号电压如图 5-17 所示。

(2)安全带控制电路　汽车安全带控制系统的作用是保证只有当驾驶人和前排乘员都佩戴了安全带,驾驶人才能起动车辆。安全带控制系统如图 5-18 所示。

1)电路说明。只有满足下述条件时才能起动车辆:
- 驾驶人安全带已佩戴
- 前排乘员的安全带已佩戴

输入元件:①驾驶人安全带:开关 S_1;②前排乘员安全带:开关 S_2,其中开关位于安全带锁中。

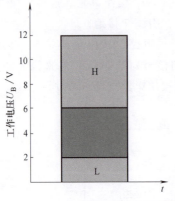

图 5-17 信号电压

信号	信号	电平范围	电压	偏差
断开	0	L	0V	0~2V
接通	1	H	12V	6~12V

执行元件：继电器 K。其作用是接通起动电路。

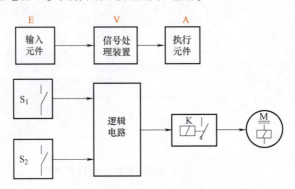

图 5-18 安全带控制系统

2) 运算说明和运算图如图 5-19 所示。

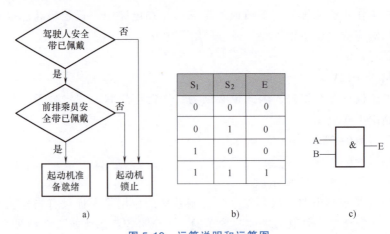

图 5-19 运算说明和运算图

a) 运算流程图　b) 真值表　c) 逻辑符号

3) 电路图。两个安全带开关监控安全带的状态，相关信息传输给一个与元件，该元件的输出端通过一个转换放大器（例如继电器）来接通起动装置电路。图 5-20 和图 5-21 分别为安全带控制装置的概览电路和连接电路。

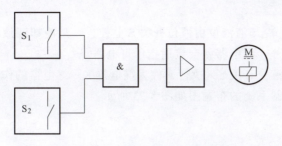

图 5-20　安全带控制装置概览电路

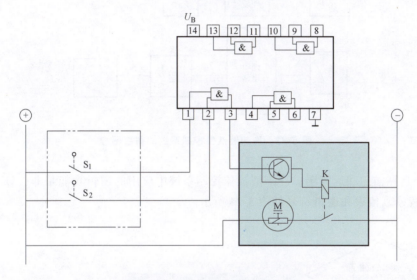

图 5-21　安全带控制装置连接电路

（3）冷却液液位控制电路　冷却液液位监控系统的作用是通过一个指示灯来监控冷却液液位的高低。

1）冷却液液位传感器。该传感器有一个带磁环的浮子和一个安装在玻璃管中的舌簧触点。为了防止污染和腐蚀，舌簧触点熔封在一个充气的玻璃管中。如果浮子位于上挡块旁，磁场就会作用到铁质触头上，铁质触头被磁化并吸合，舌簧触点闭合。在液体损耗时，浮子下降，舌簧触点就分开。图 5-22 所示为其结构与

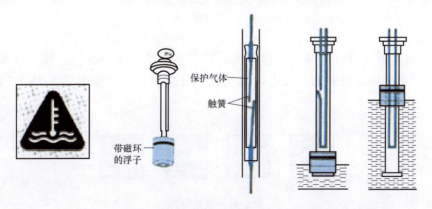

图 5-22　冷却液液位传感器结构与工作原理

工作原理。

2）系统组成。冷却液液位由液位开关S监控，一旦冷却液液位低于预定限位标记，开关S就会断开，继电器就会接通指示灯电路。

输入元件为：液位开关S，执行元件为继电器K。继电器的作用是接通指示灯电路。冷却液液位控制系统的布置图如图5-23所示。

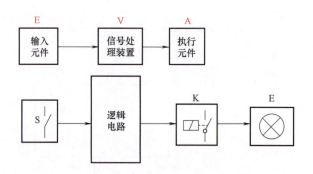

图 5-23　冷却液液位控制系统的布置图

3）运算描述和运算图。冷却液液位控制系统中应用的逻辑功能是非，该系统的运算流程、真值表和逻辑符号如图5-24所示。

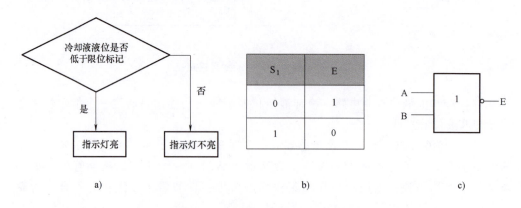

图 5-24　冷却液液位控制系统运算流程
a）运算流程　b）真值表　c）逻辑符号

4）电路图。液位开关把1信号或0信号输送给一个非元件，该元件的输出端通过一个继电器控制指示灯电路，其概览电路和连接电路如图5-25和图5-26所示。

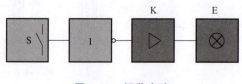

图 5-25　概览电路

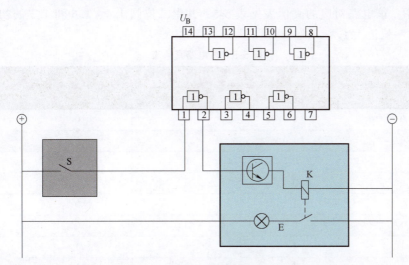

图 5-26 连接电路

5.2 气动组合控制系统

学习目标
- 理解气动组合控制系统的概念。
- 能够分析气动组合控制系统的工作原理。

课程引入

思考如何用两个开关按钮来控制作用缸的工作,试设计其控制回路。

在气动系统中也可采用逻辑组合控制,下面分别对基本的逻辑电路进行简单介绍。

1. 与电路

图 5-27 所示为气动系统与电路。如果按动两个二位三通阀(1.4 和 1.6),二位四通阀 1.1 就会获得一个控制脉冲,并转换到通流阀位,活塞伸出。阀 1.4 和 1.6 是

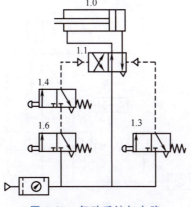

图 5-27 气动系统与电路

与的关系。该电路对应的真值表见表5-5，其中二位阀1.4、1.6和1.3的初始位记为0，另一位记为1。

表 5-5 与电路真值表

阀门的开关状态				工作缸1.0
1.4	1.6	1.3	1.1	
0	0	0	0	缩回
0	1	0	0	缩回
1	0	0	0	缩回
0	0	1	0	缩回
0	1	1	0	缩回
1	0	1	0	缩回
1	1	0	1	伸出
0	0	0	1	伸出
0	1	0	1	伸出
1	0	0	1	伸出

该控制系统的布置图如图5-28所示。

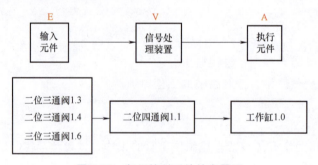

图 5-28 与门控制系统的布置图

2. 或电路

图5-29为或电路二位四通阀1.1可用二位三通阀1.4或1.6来控制，从而使工作活塞伸出。阀1.4和1.6是或的关系。该电路对应的真值表见表5-6，其中二位阀1.4、1.6和1.3的初始位记为0，另一位记为1。

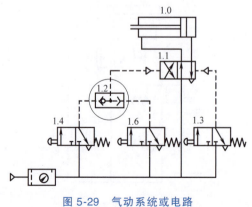

图 5-29 气动系统或电路

表 5-6　或电路真值表

阀门的开关状态				工作缸 1.0
1.4	1.6	1.3	1.1	
0	0	0	0	缩回
0	0	1	0	缩回
0	0	0	1	伸出
0	1	0	1	伸出
1	0	0	1	伸出
1	1	0	1	伸出

该控制系统的布置图如图 5-30 所示。

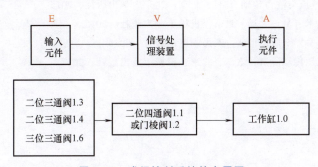

图 5-30　或门控制系统的布置图

参考文献

[1] 王霆,杨屏. 汽车电工电子基础 [M]. 北京:清华大学出版社,2011.
[2] 齐晓杰. 汽车液压、液力与气压传动 [M]. 3版. 北京:化学工业出版社,2014.
[3] 安永东,张德生,夏巍. 汽车液压、气压与液力传动 [M]. 北京:化学工业出版社,2014.
[4] 魏宏玲. 液压、气压传动与控制 [M]. 北京:机械工业出版社,2012.
[5] 崔培雪,安翠国. 汽车液压与气压传动 [M]. 北京:化学工业出版社,2014.
[6] 黄志坚,刘芳. 汽车液压识图及故障维修 [M]. 北京:化学工业出版社,2013.
[7] 柳波. 汽车液压与气压传动 [M]. 北京:人民交通出版社,2014.
[8] 刘伟,张湘衡. 汽车液压系统 [M]. 北京:电子工业出版社,2013.
[9] 周长城,袁光明,等. 液压与液力传动 [M]. 北京:北京大学出版社,2015.
[10] 潘玉山. 液压与气动技术 [M]. 2版. 北京:机械工业出版社,2015.
[11] 吕玫. 汽车电工电子 [M]. 2版. 北京:人民邮电出版社,2013.
[12] 齐晓杰. 汽车液压与气压传动 [M]. 3版. 北京:机械工业出版社,2017.

目　　录

1　知识工作页 ………………………………………………………………………… 1
　1.1　EVA 控制系统的认知与应用 …………………………………………………… 1
　1.2　电子控制系统的认知与应用 …………………………………………………… 5
　1.3　液压控制系统的认知与应用 …………………………………………………… 10
　1.4　气压控制系统的认知与应用 …………………………………………………… 13
　1.5　组合控制系统的认知与应用 …………………………………………………… 16
2　实训工作页 ………………………………………………………………………… 18
　2.1　EVA 控制系统的认知与应用 …………………………………………………… 18
　2.2　自动变速器控制系统的认知 …………………………………………………… 21
　2.3　发动机控制系统的认知 ………………………………………………………… 23
　2.4　中控门锁控制系统的认识 ……………………………………………………… 26
　2.5　电动车窗控制系统的认知 ……………………………………………………… 29
　2.6　熟悉液压试验台和液压元件 …………………………………………………… 33
　2.7　液压控制系统的认知 …………………………………………………………… 35
　2.8　汽车 ABS 控制系统的认识 …………………………………………………… 40
　2.9　气动系统的认知 ………………………………………………………………… 43
　2.10　汽车电动后视镜控制系统的认知 …………………………………………… 46

1

知识工作页

1.1 EVA 控制系统的认知与应用

1. 下图为简单的黄昏自动开关电路。日光通过一个光敏电阻和一个继电器来控制停车灯。日光由光敏电阻转换成电器参数（输入信号）。无光线作用时，光敏电阻阻值很大，所以较小的控制电流不足以使继电器吸合，停车灯亮起。日光照到光敏电阻上时，其电阻值变小，控制电流增大，继电器吸合，停车灯电路断开。

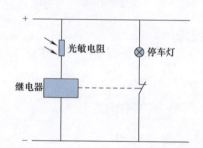

1）一个控制系统由_____、_____、_____等组成。

2）日光能够影响停车灯的接通或关闭。与此相反，停车灯却不能影响日光。具有这种特征的控制过程称为_____控制。这一控制流程称为_____。

3）完成下图黄昏自动开关电路的控制图。

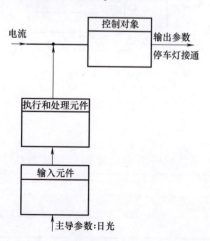

4）完成下图黄昏自动开关电路的信息流程。

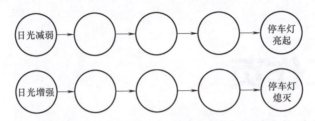

2．一位驾驶人想把车速保持在90km/h，必须通过调节过程达到，完成以下题目。

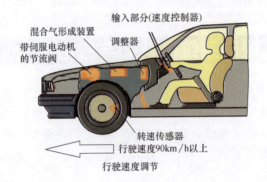

1）一个调节系统由_____、_____、_____、_____等组成。

2）请在下图中按照正确的顺序填入参加各个调节过程工作的机构元件。

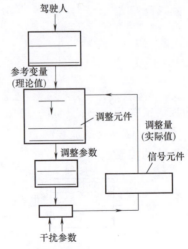

3）调节系统对该控制装置有什么作用？

4）以该速度调节装置为例，解释下表中控制和调节系统中的概念。

参考变量	
调整参数	
控制参数/调整量	

3. 画出模拟信号、二进制信号和数字信号的图形,并说明其特点。

类型	模拟信号	二进制信号	数字信号
信号形式			
特点			

4. 车内暖风控制系统可控制车内温度保持在一定值,如下图所示,请完成以下题目。

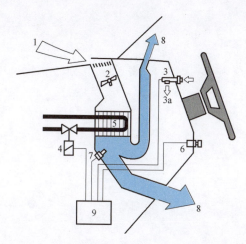

1—冷空气 2—风扇 3—温度测量传感器 3a—流向进气管或鼓风机 4—电磁阀
5—换热器 6—额定值调节器 7—出风传感器 8—热空气 9—调节装置

1) EVA 原理是指由输入、处理和输出三部分组成的控制系统,请说出这 3 个装置的作用:

信号输入装置_____。

信号处理装置_____。

信号输出装置_____。

2) 根据信号流程过程,在下图框中填写车内暖风系统的控制装置原理。

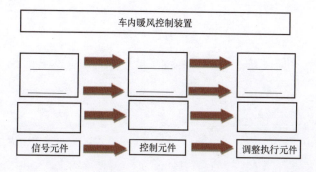

3）在上图的暖风控制系统中，控制参数所描述的是哪些技术常量？

4）信号元件和调节元件在该系统中分别代表什么？

5）请列举出自己熟悉的控制和调节系统，并用 EVA 原理进行解释。

1.2 电子控制系统的认知与应用

1. 选择题

1) 控制器的理论值是（　　）。
   A. 实际测量值　　　　　　B. 理想中的设定值　　　　C. 实际能达到的最大值
   D. 允许的最小值　　　　　E. 要求的偏差值

2) L型电控燃油喷射系统中是通过（　　）确定进气量的。
   A. 进气压力传感器　　　　B. 空气流量传感器　　　　C. 进气温度传感器
   D. 节气门位置传感器　　　E. 发动机转速传感器

3) 利用氧传感器进行闭环控制，可实现（　　）的最佳控制。
   A. 进气提前角　　　　　　B. 燃油喷射量　　　　　　C. 排气迟后角
   D. 进气量　　　　　　　　E. EGR量

4) 以下各装置中不是执行器的是（　　）。
   A. 炭罐电磁阀　　　　　　B. 怠速控制阀　　　　　　C. 气节门位置传感器
   D. 汽油泵继电器　　　　　E. 喷油器

5) 火花塞属于点火系统当中的（　　）。
   A. 控制器　　　　　　　　B. 传感器
   C. 既是执行器又是传感器　D. 既不是传感器也不是执行器
   E. 执行器

6) 对喷油量起决定性作用的是（　　）。
   A. 空气流量传感器　　　　B. 冷却液温度传感器　　　C. 氧传感器
   D. 节气门位置传感器　　　E. 凸轮轴位置传感器

7) 信息技术中的EVA原理是（　　）。
   A. 按一定的系统要求整理数据
   B. 按采集、处理、输出原理处理信息
   C. 是电子数据处理设备上专用硬件配置
   D. 快速信号的编码方法
   E. 将信息分开成两组

8) 下列关于过量空气系数 $\lambda=1$ 的表述正确的是（　　）。
   A. 理论空气量过大，混合气较稀
   B. 吸入的空气过少，混合气较浓
   C. 吸入的空气符合理论上需要的空气量
   D. 燃烧1kg燃油需要1kg的空气
   E. 废气中CO的含量将达到1%

9) 废气再循环的作用是抑制（　　）的产生。
   A. HC　　　　　　　　　　B. CO　　　　　　　　　　C. NO_x
   D. 微粒　　　　　　　　　E. 所有有害气体

10) 根据工作原理"输入→运算→输出"，一台计算机主要由3大部分组成。下列概念属于图中用"1"标出的部分的是（　　）。
    A. 编程语言　　　　　　　B. 操作系统

C．只读存储器　　　　　D．主存储器

E．中央处理单元

11）下面关于汽车电子调节的说法正确的是（　　）。

A．执行元件的信息决定传感器的特性

B．执行元件的信息由控制单元处理

C．控制单元的信息由传感器处理

D．传感器和执行元件的信息由控制单元往下传送

E．传感器的信息决定执行元件的特性

12）下列关于控制的论断正确的是（　　）。

A．开环控制中，控制段不受影响

B．闭环控制中，有一个闭合的运行过程

C．开环控制和闭环控制没有区别

D．开环控制中，有一个闭合的运行过程

E．闭环控制中传感器能获取被控制量的变化

13）右边闭合控制环路图中，字母对应的名称正确的是（　　）。

A．w＝受控变量

B．z_1＝参考变量

C．z_2＝被控制量

D．y＝控制变量

E．x＝干扰

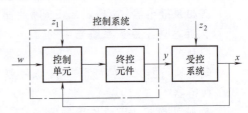

14）以下关于电控单元的描述，不正确的是（　　）。

A．包括硬件和软件两部分

B．对输入级中的信号进行处理

C．只能识别开和关两种状态的电子开关进行内部计算

D．向执行元件发出指令

E．不能进行自我修正

15）在MPI（多点汽油喷射系统）中，汽油被喷入（　　）。

A．燃烧室内　　　　B．节气门后部　　　　C．进气歧管

D．气缸内　　　　　E．节气门前

2．请为下列图中的信号元件进行命名，并画出其信号图、说明其作用。

信号元件	名称	信号图	作用
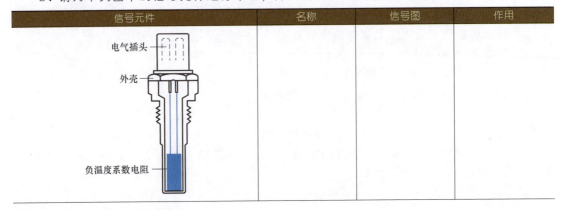			

1 | 知识工作页

（续）

信号元件	名称	信号图	作用
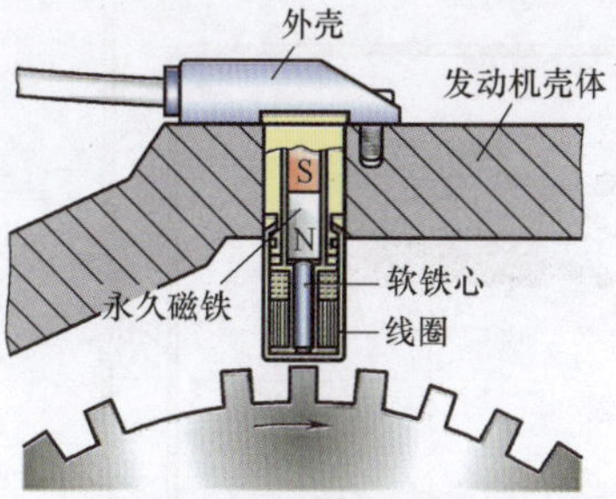 外壳、发动机壳体、永久磁铁、软铁心、线圈、带有基准标记(齿隙)的齿盘			
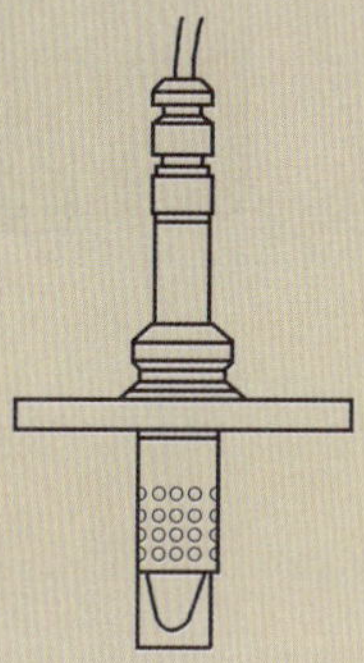 (传感器图示)			
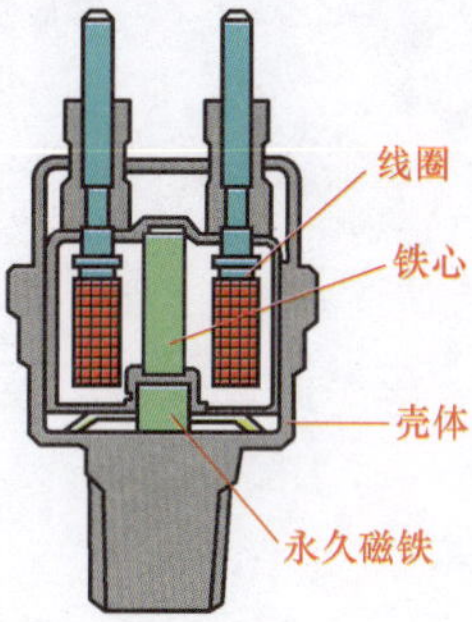 线圈、铁心、壳体、永久磁铁			
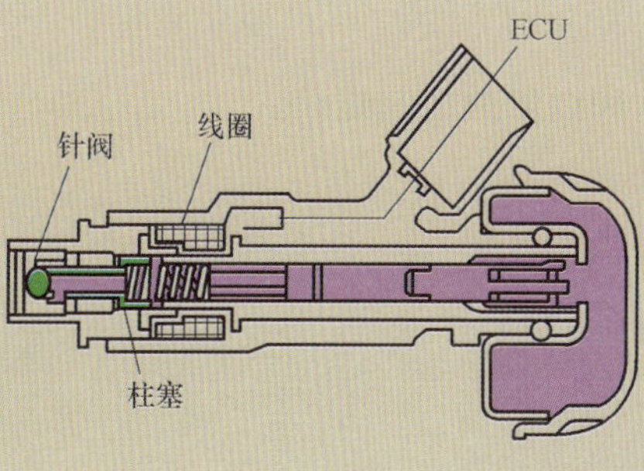 针阀、线圈、ECU、柱塞			

3．识读下图（电控燃油喷射系统图），完成以下题目。

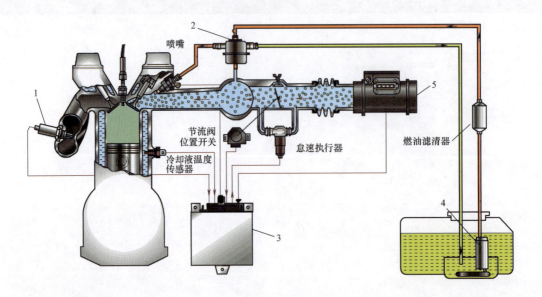

1）写出图中1~5的名称。

2）说出图中的输入、处理和输出元件分别是什么。

3）根据该图形，画出燃油喷射系统的调节系统框图。

4．用EVA原理分析点火系统中点火提前角的控制和爆燃的控制过程。

5．根据下图（中控门锁控制系统原理图）完成以下题目。

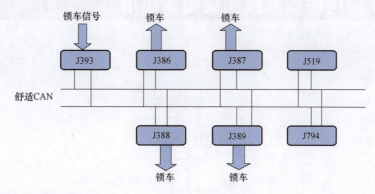

1）CAN 总线有哪些优点？

2）用 EVA 原理解释中控门锁的控制过程。

1.3 液压控制系统的认知与应用

1．看图完成以下题目。

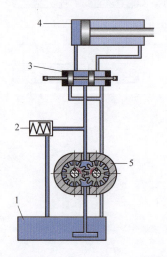

1）写出上图（液压控制系统图）中1~5各部件的名称。

1＿＿＿＿＿＿＿＿　　2＿＿＿＿＿＿＿＿　　3＿＿＿＿＿＿＿＿

4＿＿＿＿＿＿＿＿　　5＿＿＿＿＿＿＿＿

2）液压马达可把液体的＿＿＿＿＿＿转换为＿＿＿＿＿＿，按其结构类型可以分为＿＿＿＿＿＿、＿＿＿＿＿＿、＿＿＿＿＿＿和其他形式，部件5属于＿＿＿＿＿＿。

3）液压缸按作用方式不同可分为＿＿＿＿＿＿液压缸和＿＿＿＿＿＿液压缸，部件4属于＿＿＿＿＿＿。

4）部件4是＿＿＿＿＿＿位＿＿＿＿＿＿通阀。

5）部件2的作用为＿＿＿＿＿＿＿＿＿＿＿＿＿＿＿＿＿＿＿＿。

6）我国液压油的牌号是以＿＿＿＿＿＿℃时的黏度的值来表示，液压油具有＿＿＿＿＿＿、＿＿＿＿＿＿、＿＿＿＿＿＿、＿＿＿＿＿＿等作用。

7）写出该液压回路的工作过程。

2．根据下图几种压力的关系，完成以下题目。

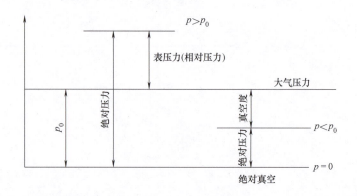

1）液体压力通常有3种表示方法，即_____、_____和_____。
2）解释下列几个概念。
绝对压力：_____。
相对压力：_____。
相对压力、绝对压力、大气压力和真空度的关系为：
相对压力 = _____
绝对压力 = _____

3．压强概念及计算。

1）解释压强的概念并给出公式、符号、单位、换算。

	缩写符合	单位
力		
面积		
压强		
压强公式		
压强单位换算	1MPa = ____ kPa = ____ Pa = ____ N/M² ____ bar	

2）一个液压气缸活塞的直径为80mm，加载在活塞杆上的力为30000N，加载在活塞顶上的压强多大？压强单位要求为 N/cm² 和 bar。

4．下图中 F_H 是脚踏板的力，F_A 是离合器分离力，离合器主缸直径为 $d_1=20mm$，分离拨叉上的工作缸直径为 $d_2=24mm$。要想得到864N的分离力，需要多大的脚踏板力？

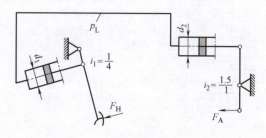

离合器简图

5．根据液压阀符号完成以下题目。

1）写出各液压阀的名称。

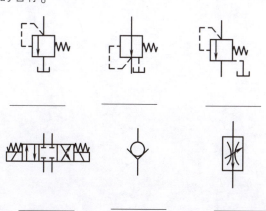

2）说出下列换向阀的名称。

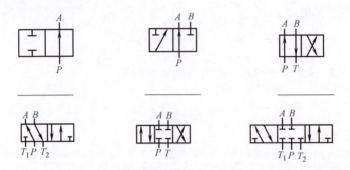

_____   _____   _____

_____   _____   _____

6．识读下图（液压回路图），简述制动器的增压、稳压和减压工作过程。

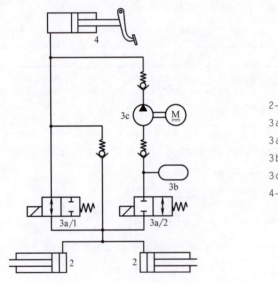

2—车轮制动缸
3a/1—二位二通阀（进油阀）
3a/2—二位二通阀（出油阀）
3b—储液罐
3c—回流泵
4—制动主缸

1.4 气压控制系统的认知与应用

1. 写出下列符号的含义。

符号	含义	符号	含义
▢▢		◺	
◣◹		⊠	
▢		⊠	

2. 写出下列元件的名称。

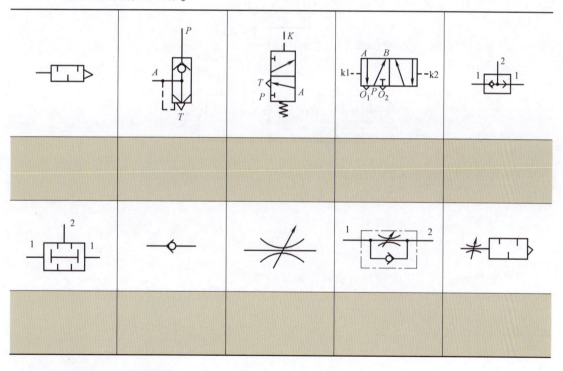

3. 下图是什么控制机构？（　　）

A. 双作用缸由电动操作的二位二通换向阀控制

B. 由Y1和Y2操作的气动二位二通换向阀实施控制

C. 双作用缸的电动液压控制

D. 单作用缸由电动操作的二位四通换向阀控制

E. 双作用缸由电磁操作的二位四通换向阀控制

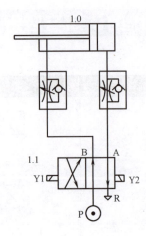

4．识读下图，完成以下题目。

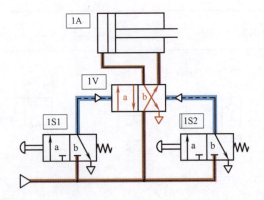

1）写出 1A、1V 和 1S1 的名称。

2）当信号阀 1S1 工作时，请说明该装置的功能作用。

3）当信号阀 1S2 工作时，会造成什么影响？

5．写出下图（气动控制系统图）中 1~5 各部件的名称。

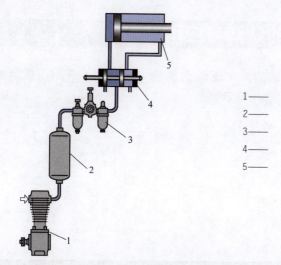

1 —
2 —
3 —
4 —
5 —

6. 用下图实现车门的打开和关闭功能。车门的打开（活塞伸出）应该很快，车门的关闭（活塞进入）应该缓慢。请完成以下题目。

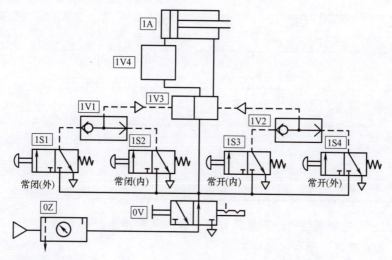

1）补充完整阀门 1V3 和 1V4，1V3 实现车门在原始状态能够关闭，1V4 实现车门的快速打开和缓慢关闭功能。

2）当 1S1 工作时，说明气缸会怎样工作，说出其气体流经的路线。

3）当 1S3 工作时，说明气缸会怎样工作，说出其气体流经的路线。

1.5 组合控制系统的认知与应用

1．逻辑代数是由逻辑变量组成的。其中逻辑变量用_____表示，逻辑常量用_____表示，逻辑运算符用_____表示。

2．下图真值表实现什么功能？（　　）

A．"与"功能
B．"非"功能
C．"或"功能
D．"与非"功能
E．"或非"功能

S_1	S_2	E
0	0	0
0	1	1
1	0	1
1	1	1

3．完成下列表格。

	逻辑符号	逻辑函数式	逻辑功能
与门			
或门			
非门			
与非门			
或非门			
异或门			

4．汽车安全带控制系统的作用是只有当驾驶人和前排乘员都佩戴了安全带，驾驶人才能起动车辆。请完成以下题目。

1）画出该控制系统的逻辑电路图。

2）用EVA原理解释该控制系统。

5. 看图完成以下题目。

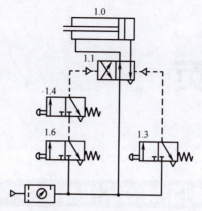

1) 解释该气压控制系统的工作原理。

2) 该气压控制电路图满足什么逻辑关系？

3) 试用 EVA 原理解释其工作原理。

2 实训工作页

2.1 EVA 控制系统的认知与应用

实训目标

- 掌握 EVA 对整个电控系统的影响。
- 掌握汽车 EVA 系统中各传感器故障及对整个电控系统的影响。
- 能够应用 EVA 原理分析汽车上的各控制系统。

实训任务

- 按要求认知 EVA。
- 按要求进行各个传感器的识别。
- 了解 EVA 的结构。
- 区分 EVA 中的元件。

实训实施条件

工具与设备

- 万用表
- 示波器
- 接线笔
- 诊断仪

信息资料

- 相关车型维修手册
- 电路图
- 设备使用说明书

实训实施

实训开始前,学生分成小组,并填写表 1-1 的内容。

表 1-1　实训实施准备项目表

实训名称		小组成员	
设备工具			
资料			
工作计划制订			
教师评语			

以汽车前照灯系统的开关为例，进行 EVA 系统功能确认

1. 对汽车灯光系统操作，写出其中输入（传感器）、处理（控制单元）和输出（执行机构）分别是哪些？

2. 配备手动前照灯功能的车辆在满足什么条件时手动前照灯功能才会工作？

3. 对汽车发动机的有钥匙点火系统操作，写出其中输入（传感器）、处理（控制单元）和输出（执行机构）分别是哪些。

4. 对不具备无钥匙进入功能和一键起动功能的车辆，在满足什么条件时钥匙点火功能才会工作？

5. 对具备一键起动功能的车辆，观察其点火系统，写出其中输入（传感器）、处理（控制单元）和输出（执行机构）分别是哪些。

6．配备一键起动点火功能的车辆在满足什么条件时一键起动点火功能才会工作？

实训评分

完成实训后，教师根据实际情况填写表 1-2。

表 1-2 实训评分表

序号	评分标准	配分	实得分
1	工作准备和工作过程的认真仔细程度和工作态度	10	
2	技术资料应用情况	10	
3	团队工作计划与分工	10	
4	测量与检查记录或文件记录	10	
5	按专业要求做实训	10	
6	按专业要求使用量具、检验器具及工具	10	
7	注意遵守劳动与环保规定	10	
8	做好将车辆/系统交给客户之前的准备工作	10	
9	团队配合与沟通	10	
10	完成实训中教师提问的情况	10	
	合计分数		

2.2 自动变速器控制系统的认知

实训目标

- 掌握 EVA 对整个电控系统的影响。
- 掌握自动变速器电控系统对整个电控系统的影响。

实训任务

- 按要求使用汽车解码器的自动变速器故障检测和数据流读取功能。
- 按要求进行自动变速器性能的检测。
- 进行自动变速器传感器和执行器的识别和检测。

实训实施条件

工具与设备

- 万用表
- 示波器
- 接线笔
- 诊断仪

信息资料

- 相关车型维修手册
- 电路图
- 设备使用说明书

实训实施

实训开始前，学生分成小组，并填写表 2-1 的内容。

表 2-1 实训实施准备项目表

实训名称		小组成员	
设备工具			
资料			
工作计划制订			
教师评语			

1．使用专用解码器驱动自动变速器的电控系统（注意，一定要支起车辆，确保安全），实际验证自动变速器转速的调整效果。通过所学的知识进行推理，写出操作的相关元件名称。

2．配备自动变速器的控制系统功能的车辆在满足什么条件时发动机的控制系统功能会工作？

3．配备自动变速器的控制系统功能的车辆在满足什么条件时自动变速器的控制系统功能会锁止不动？

完成实训后，教师根据实际情况填写表2-2。

表2-2 实训评分表

序号	评分标准	配分	实得分
1	工作准备和工作过程的认真仔细程度和工作态度	10	
2	技术资料应用情况	10	
3	团队工作计划与分工	10	
4	测量与检查记录或文件记录	10	
5	按专业要求做实训	10	
6	按专业要求使用量具、检验器具及工具	10	
7	注意遵守劳动与环保规定	10	
8	做好将车辆/系统交给客户之前的准备工作	10	
9	团队配合与沟通	10	
10	完成实训中教师提问的情况	10	
	合计分数		

2.3 发动机控制系统的认知

实训目标

- 掌握曲轴位置传感器和凸轮轴位置传感器故障及对整个电控系统的影响。
- 掌握曲轴位置传感器和凸轮轴位置传感器的检测方法、工艺流程和技术规范。
- 掌握曲轴位置传感器和凸轮轴位置传感器数据分析的方法。

实训任务

- 进行发动机控制系统功能确认。
- 进行发动机电子控制系统结构认知。
- 进行发动机的 ECU 认知。
- 进行传感器和执行器的构造认知。

实训实施条件

工具与设备

- 万用表
- 示波器
- 接线笔
- 诊断仪

信息资料

- 相关车型维修手册
- 电路图
- 设备使用说明书

实训实施

实训开始前,学生分成小组,并填写表 3-1 的内容。

表 3-1 实训实施准备项目表

实训名称		小组成员	
设备工具			
资料			

(续)

实训名称		小组成员	
工作计划制订			
教师评语			

一、进行发动机 ECU（电控单元）的功能确认

1．使用专用解码器进入发动机 ECU，实际验证发动机参数的读取效果。通过所学的知识进行推理，写出相关元件的名称。

2．要读取发动机 ECU 数据流，该车辆需要满足什么条件，做什么准备工作？

二、进行发动机传感器的功能确认

1．使用专用解码器进入发动机 ECU，实际验证发动机传感器参数的读取效果。通过所学的知识进行推理，写出传感器相关元件的名称。

2．要读取发动机传感器数据流，该车辆需要满足什么条件，做什么准备工作？

三、进行发动机执行器的功能确认

1．使用专用解码器进入发动机 ECU，实际验证发动机执行器参数的读取效果。通过所学的知识进行推理，写出相关执行元件的名称。

2. 要读取发动机执行器的数据流,该车辆需要满足什么条件,做什么准备工作?

完成实训后,教师根据实际情况填写表3-2。

表3-2 实训评分表

序号	评分标准	配分	实得分
1	工作准备和工作过程的认真仔细程度和工作态度	10	
2	技术资料应用情况	10	
3	团队工作计划与分工	10	
4	测量与检查记录或文件记录	10	
5	按专业要求做实训	10	
6	按专业要求使用量具、检验器具及工具	10	
7	注意遵守劳动与环保规定	10	
8	做好将车辆/系统交给客户之前的准备工作	10	
9	团队配合与沟通	10	
10	完成实训中教师提问的情况	10	
	合计分数		

2.4 中控门锁控制系统的认知

实训目标

- 掌握中控门锁控制系统及对整个电控系统的影响。
- 掌握中控门锁的检测方法、工艺流程和技术规范。
- 掌握中控门锁数据分析的方法。

实训任务

- 进行中控门锁的结构认知。
- 进行中控门锁的功能确认。

实训实施条件

工具与设备

- 万用表
- 示波器
- 接线笔
- 诊断仪

信息资料

- 相关车型维修手册
- 电路图
- 设备使用说明书

实训实施

实训开始前,学生分成小组,并填写表 4-1 的内容。

表 4-1 实训实施准备项目表

实训名称		小组成员	
设备工具			
资料			

（续）

实训名称		小组成员	
工作计划制订			
教师评语			

一、中控门锁的功能确认

1. 使用专用解码器驱动中控门锁，实际验证中控门锁的功能效果。通过所学的知识进行推理，写出操作的相关元件的名称。

2. 配备中控门锁的功能的车辆在满足什么条件时中控锁机构功能才会工作？

二、进行中控与防盗系统功能确认

1. 打开实操车辆左前车门，按动车门上门锁开关的闭锁按钮，此时中控锁系统如何动作？

2. 中控锁系统为什么会出现该动作？

3. 请写出下图中元件的名称。

28　汽车控制系统构造与检修学习工作页

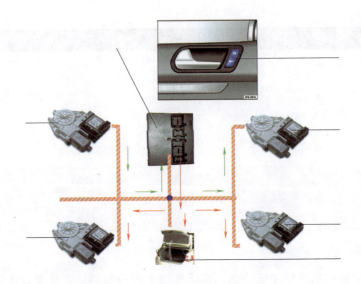

实训评分

完成实训后，教师根据实际情况填写表 4-2。

表 4-2　实训评分表

序号	评分标准	配分	实得分
1	工作准备和工作过程的认真仔细程度和工作态度	10	
2	技术资料应用情况	10	
3	团队工作计划与分工	10	
4	测量与检查记录或文件记录	10	
5	按专业要求做实训	10	
6	按专业要求使用量具、检验器具及工具	10	
7	注意遵守劳动与环保规定	10	
8	做好将车辆/系统交给客户之前的准备工作	10	
9	团队配合与沟通	10	
10	完成实训中教师提问的情况	10	
	合计分数		

2.5　电动车窗控制系统的认知

实训目标

- 掌握电动车窗控制系统及对整个电控系统的影响。
- 掌握电动车窗的检测方法、工艺流程和技术规范。

实训任务

- 进行电动车窗功能确认。
- 进行电动车窗准确的操控及相关参数的测量。
- 了解电动车窗的控制原理。

实训实施条件

工具与设备

- 万用表
- 示波器
- 接线笔
- 诊断仪

信息资料

- 相关车型维修手册
- 电路图
- 设备使用说明书

实训实施

实训开始前,学生分成小组,并填写表 5-1 的内容。

表 5-1　实训实施准备项目表

实训名称		小组成员	
设备工具			
资料			

（续）

实训名称		小组成员	
工作计划制订			
教师评语			

一、大众途安车辆电动玻璃功能特点验证

实车验证电动玻璃功能特点并记录在下表中（打圆圈表示）。

操作内容	有	无
电动玻璃手动上升、下降功能		
电动玻璃遥控器全部关闭功能		
电动玻璃遥控器全部开启功能		
电动玻璃儿童保护开关		
电动玻璃防夹功能		

1．要实现电动玻璃全部开启功能，遥控器开锁键按键的时间是_____ s。

2．电动玻璃儿童保护功能开启后，_____ s 电动玻璃自身开关不能开启。

3．电动玻璃防夹功能起作用的电动玻璃行程是_____ mm。

4．点火开关关闭至电动玻璃系统停止工作的时间是_____ s。

二、进行电动车窗系统功能确认

1．使用专用解码器驱动车窗，实际验证电动车窗的升降效果。通过所学的知识进行推理，写出操作的相关元件的名称。

2．配备电动车窗功能的车辆在满足什么条件时电动车窗功能才会工作？

3．配备电动车窗功能的车辆在满足什么条件时电动车窗功能会锁止不动？

4．配备电动车窗功能的车辆，哪些车窗能实现一键升降的功能？

三、进行电动车窗的自动升降功能确认

1. 使用专用解码器驱动自动升降功能，通过所学的知识进行推理，写出操作的相关元件的名称。

2. 如果实现电动车窗的自动升降功能，车辆要满足什么条件，需要哪些准备工作？

3. 电机运行时有什么异常的噪声？

4. 检查下列车窗的滑动机构：
1) 车窗玻璃条等上面的阻碍
2) 玻璃条磨损或变形
3) 窗框向内或向外过度倾斜
4) 车窗升降器

5. 在记录以下诊断步骤的同时确认诊断和维修系统，如果需要替换部件，向老师要这些部件。
步骤1
步骤2
步骤3
步骤4

6. 诊断的故障是什么？

7. 就具体汽车而言，哪些系统是受 CAN 控制的？

8. 写出线束维修的两个要点，并写出下图中部件的名称。

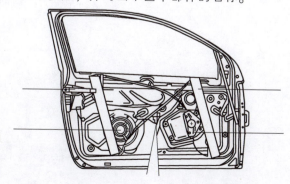

实训评分

完成实训后,教师根据实际情况填写表 5-2。

表 5-2 实训评分表

序号	评分标准	配分	实得分
1	工作准备和工作过程的认真仔细程度和工作态度	10	
2	技术资料应用情况	10	
3	团队工作计划与分工	10	
4	测量与检查记录或文件记录	10	
5	按专业要求做实训	10	
6	按专业要求使用量具、检验器具及工具	10	
7	注意遵守劳动与环保规定	10	
8	做好将车辆/系统交给客户之前的准备工作	10	
9	团队配合与沟通	10	
10	完成实训中教师提问的情况	10	
	合计分数		

2.6 熟悉液压试验台和液压元件

实训目标

- 认识液压试验台与液压元件。
- 掌握操作液压试验台的工艺流程和技术规范，安全注意事项。
- 能够识别各元件，掌握液压元件的功能和用途。
- 识别车辆上的液压元件，知道其功用。

实训任务

- 实车上区分各个液压元件。
- 认知液压控制系统的各个液压元件。
- 熟练操作试验台。

实训实施条件

工具与设备

- 液压试验台
- 常用工具
- 万用表

信息资料

- 相关车型维修手册
- 液压图
- 设备使用说明书

实训实施

实训开始前，学生分成小组，并填写表6-1的内容。

表6-1 实训实施准备项目表

实训名称		小组成员	
设备工具			
资料			

（续）

实训名称		小组成员	
工作计划制订			
教师评语			

1. 简要叙述液压试验台的操作规程及安全使用注意事项。

2. 简要叙述试验台的组成、工作原理。

3. 举例说明液压系统在汽车上的应用。

4. 请画出各个液压元件的示意图，并标注名称。

实训评分

完成实训后，教师根据实际情况填写表6-2。

表6-2 实训评分表

序号	评分标准	配分	实得分
1	工作准备和工作过程的认真仔细程度和工作态度	10	
2	技术资料应用情况	10	
3	团队工作计划与分工	10	
4	测量与检查记录或文件记录	10	
5	按专业要求做实训	10	
6	按专业要求使用量具、检验器具及工具	10	
7	注意遵守劳动与环保规定	10	
8	做好将车辆/系统交给客户之前的准备工作	10	
9	团队配合与沟通	10	
10	完成实训中教师提问的情况	10	
	合计分数		

2.7 液压控制系统的认知

实训目标

- 掌握液压系统各元件对整个液压控制系统的影响。
- 掌握各种液压控制系统的连接及检测方法、工艺流程和技术规范。
- 掌握各种液压控制系统的故障检测方法和维修工艺。

实训任务

- 实车上区分各个液压控制系统。
- 认知液压控制系统的各个液压元件。
- 通过已给的元件及技术要求进行液压元件的连接与整合。

实训实施条件

工具与设备

- 万用表
- 示波器
- 接线笔
- 诊断仪

信息资料

- 相关车型维修手册
- 电路图
- 设备使用说明书

实训实施

实训开始前,学生分成小组,并填写表7-1的内容。

表 7-1 实训实施准备项目表

实训名称		小组成员	
设备工具			
资料			

（续）

实训名称		小组成员	
工作计划制订			
教师评语			

1．检查不同车辆液压控制系统各部件的安装位置并写出它的名称。

您选择的实操车型为＿＿＿＿＿＿＿＿＿＿＿＿＿＿＿＿＿＿＿＿。

2．写出汽车上液压控制系统系统各部件名称。

3．写出高、低压选择回路的功用和组成。

4．进行高、低压选择回路的连接，并画出液压示意图。

5．写出单作用气缸换向回路的功用和组成。

6．进行单作用气缸换向回路的连接，并画出液压示意图。

7．写出双作用气缸换向回路的功用和组成。

8. 进行双作用气缸换向回路的连接,并画出液压示意图。

9. 写出双作用缸速度控制回路的功用和组成。

10. 进行双作用缸速度控制回路的连接,并画出液压示意图。

11. 按图示连接保压回路,写出该回路的功能和特点。

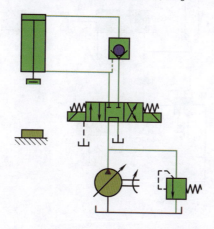

12. 按图示连接多级调压回路,写出该回路的功能和特点。

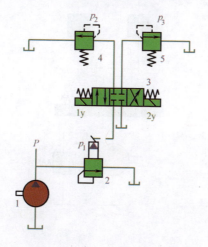

13．按图示连接减压回路，写出该回路的功能和特点。

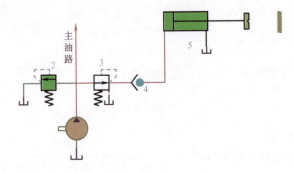

14．按图示连接卸荷回路，写出该回路的功能和特点。

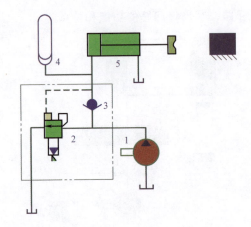

15．按图示连接用液控单向阀的锁紧回路，写出该回路的功能和特点。

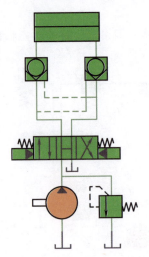

16. 按图连接压力控制继电器顺序动作回路,写出该回路的功能和特点。

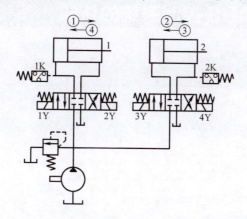

完成实训后,教师根据实际情况填写表 7-2。

表 7-2 实训评分表

序号	评分标准	配分	实得分
1	工作准备和工作过程的认真仔细程度和工作态度	10	
2	技术资料应用情况	10	
3	团队工作计划与分工	10	
4	测量与检查记录或文件记录	10	
5	按专业要求做实训	10	
6	按专业要求使用量具、检验器具及工具	10	
7	注意遵守劳动与环保规定	10	
8	做好将车辆/系统交给客户之前的准备工作	10	
9	团队配合与沟通	10	
10	完成实训中教师提问的情况	10	
	合计分数		

2.8 汽车 ABS 控制系统的认知

实训目标

- 掌握汽车 ABS 的检测方法、工艺流程和技术规范。
- 掌握汽车 ABS 数据分析的方法。

实训任务

- 进行实车上 ABS 控制系统的认知。
- 认知 ABS 的各个液压元件。
- 通过已给的资料和工具对 ABS 进行检测。

实训实施条件

工具与设备

- 万用表
- 示波器
- 接线笔
- 诊断仪

信息资料

- 相关车型维修手册
- 电路图
- 设备使用说明书

实训实施

实训开始前,学生分成小组,并填写表 8-1 的内容。

表 8-1 实训实施准备项目表

实训名称		小组成员	
设备工具			
资料			

（续）

实训名称		小组成员	
工作计划制订			
教师评语			

1．检查不同车辆 ABS 控制系统各部件的安装位置并写出它的名称。

您选择的实操车型为：_____。

2．写出 ABS 控制系统各部件名称。

3．写出 ABS 回路的功用和组成。

4．用解码器对 ABS 进行检测，读出其数据流。

5．对 ABS 轮速传感器进行拆装，并测量其电阻。

实训评分

完成实训后，教师根据实际情况填写表 8-2。

表 8-2　实训评分表

序号	评分标准	配分	实得分
1	工作准备和工作过程的认真仔细程度和工作态度	10	
2	技术资料应用情况	10	
3	团队工作计划与分工	10	
4	测量与检查记录或文件记录	10	

（续）

序号	评分标准	配分	实得分
5	按专业要求做实训	10	
6	按专业要求使用量具、检验器具及工具	10	
7	注意遵守劳动与环保规定	10	
8	做好将车辆/系统交给客户之前的准备工作	10	
9	团队配合与沟通	10	
10	完成实训中教师提问的情况	10	
	合计分数		

2.9 气动系统的认知

实训目标

- 掌握气动系统对整个电控系统的影响。
- 掌握气动系统的检测方法、工艺流程和技术规范。
- 掌握气动系统数据分析的方法。

实训任务

- 在实车上区分气压控制系统。
- 进行气动控制回路的连接。

实训实施条件

工具与设备

- 万用表
- 示波器
- 接线笔
- 诊断仪

信息资料

- 相关车型维修手册
- 电路图
- 设备使用说明书

实训实施

实训开始前,学生分成小组,并填写表9-1的内容。

表9-1 实训实施准备项目表

实训名称		小组成员	
设备工具			
资料			

（续）

实训名称		小组成员	
工作计划制订			
教师评语			

1．检查掌握不同车辆气动控制系统各部件的安装位置并写出它的名称。

您选择的实操车型为：_____。

2．写出气动控制系统各部件名称，了解气动逻辑元件的功用与原理。

3．写出缓冲回路的功用和组成。

4．进行缓冲回路的连接，并画出示意图。

5．写出变速回路的功用和组成。

6．进行变速回路的连接，并画出示意图。

7．写出互锁回路的功用和组成。

8．进行互锁回路的连接，并画出示意图。

9. 写出往复运动回路的功用和组成。

10. 进行往复运动回路的连接，并画出示意图。

实训评分

完成实训后，教师根据实际情况填写表9-2。

表9-2 实训评分表

序号	评分标准	配分	实得分
1	工作准备和工作过程的认真仔细程度和工作态度	10	
2	技术资料应用情况	10	
3	团队工作计划与分工	10	
4	测量与检查记录或文件记录	10	
5	按专业要求做实训	10	
6	按专业要求使用量具、检验器具及工具	10	
7	注意遵守劳动与环保规定	10	
8	做好将车辆/系统交给客户之前的准备工作	10	
9	团队配合与沟通	10	
10	完成实训中教师提问的情况	10	
	合计分数		

2.10 汽车电动后视镜控制系统的认知

实训目标

- 掌握汽车电动后视镜的控制系统及对整个电控系统的影响。
- 掌握汽车电动后视镜的控制系统的检测方法、工艺流程和技术规范。
- 掌握汽车电动后视镜的控制系统数据分析的方法。

实训任务

- 认知电动后视镜外观的部件。
- 认知驾驶人侧车门控制面板（电动后视镜调整开关）。
- 认知驾驶人侧车门模块和前排乘员侧车门模块。
- 认知加热开关。

实训实施条件

工具与设备

- 万用表
- 示波器
- 接线笔
- 诊断仪

信息资料

- 相关车型维修手册
- 电路图
- 设备使用说明书

实训实施

实训开始前，学生分成小组，并填写表 10-1 的内容。

表 10-1 实训实施准备项目表

实训名称		小组成员	
设备工具			
资料			

（续）

实训名称		小组成员	
工作计划制订			
教师评语			

一、电动后视镜调整开关

1. 在关闭点火开关的情况下，能否用电动后视镜调整开关调整后视镜？

2. 能否用电动后视镜调整开关同时调整两侧后视镜的镜片？

3. 如果希望在倒车时能够更清晰地看到后方路面，如何操作？

4. 如果希望倒车时后视镜自动向下翻折，如何操作？

5. 在关闭点火开关的情况下，能否用后视镜开关进行后视镜折合操作？

6. 用遥控钥匙锁止车辆，后视镜是否收折？
（若后视镜没有收折，则启用折合模式；若后视镜收折，则停用折合模式。）

二、加热开关

1. 在不使用除霜器按钮的情况下，能否对后视镜镜片进行加热？
2. 当车外温度高于7℃时，能否启用后视镜加热模式？
3. 当车外温度低于7℃时，能否一直加热？
4. 如果希望对后视镜进行自动加热，如何操作？
请写出下图中所指图标的含义。

实训评分

完成实训后,教师根据实际情况填写表 10-2。

表 10-2 实训评分表

序号	评分标准	配分	实得分
1	工作准备和工作过程的认真仔细程度和工作态度	10	
2	技术资料应用情况	10	
3	团队工作计划与分工	10	
4	测量与检查记录或文件记录	10	
5	按专业要求做实训	10	
6	按专业要求使用量具、检验器具及工具	10	
7	注意遵守劳动与环保规定	10	
8	做好将车辆/系统交给客户之前的准备工作	10	
9	团队配合与沟通	10	
10	完成实训中教师提问的情况	10	
	合计分数